성과 창출을 위해 최강 기업들이 선택하는
A to Z '영업조직 역량 강화 가이드북'

B2B, '찐'영업으로 승부하라!

SALES EXPERT ORGANIZATION

박주민 지음

도서
출판 **행복에너지**

B2B, '찐'영업으로 승부하라!

초판 1쇄 발행 2021년 2월 25일
3쇄 발행 2023년 2월 15일

지 은 이   박주민
발 행 인   권선복
편   집   유수정
디 자 인   오지영
전 자 책   서보미
발 행 처   도서출판 행복에너지
출판등록   제315-2011-000035호
주   소   (07679) 서울특별시 강서구 화곡로 232
전   화   0505-613-6133
팩   스   0303-0799-1560
홈페이지   www.happybook.or.kr
이 메 일   ksbdata@daum.net

값 17,000원
ISBN   979-11-5602-872-7   (13320)

성과 창출을 위해 최강 기업들이 선택하는
A to Z '영업조직 역량 강화 가이드북'

B2B,
'찐'영업으로
승부하라!

SALES EXPERT ORGANIZATION

박주민 지음

도서
출판 **행복에너지**

쉬플리 코리아 대표
김용기

B2B영업의 문무를 겸비한 박주민 대표의 이 책 『B2B, '찐'영업으로 승부하라』를 강력하게 추천합니다.

지금 한국 기업은 B2B영업의 전문성에 눈을 뜨고, 이를 학습해 나아가고 있습니다. 이렇게 출발선에 서 있는 조직과 개인에게 중요한 것은 '방향성'입니다. 그런 면에서 이 책은 B2B에서 성공하려는 조직과 개인에게 적절한 목적과 방향성을 제공합니다.

박주민 대표와 나는 그 최전선의 동지이자 동료로서 의미 있는 일을 즐겁게 해 나가고 있습니다. 뜻을 같이하면 동지이고, 일을 같이 하면 동료입니다. 일하는 조직도 공간도 다르지만 우리는 동지이자 동료입니다.

제가 보는 이 책의 의미는 다음과 같습니다.

첫 번째로 포스트 코로나 이후의 세일즈에 대한 방향을 제시하고 있습니다.

포스트 코로나의 다른 이름은 뉴노멀New normal입니다. 새로운 규칙과 상식들이 지배합니다. 영업, 그것도 전문성이 높아야만 하는 B2B영업에서도 엄청난 변화가 일어나고 있습니다. 많은 사람들이 당황하고 있습니다. 여기에 방향과 목표를 제시하는 책입니다.

두 번째로 전문가 영업, 컨설팅 영업에 대한 구체적인 방향성을 제시하고 있습니다.

바야흐로 전문가 영업의 전성시대가 열리고 있습니다. 기존에 가격경쟁의 늪에서 허덕거리던 영업담당자들은 이제 새 시대에 걸맞은 전문가 영업 역량을 배양해야 합니다. 하지만 죄송하게도 전문가 영업은 더 어렵습니다. 우리에게 근원적인 변화Deep Change를 요구하기 때문입니다. 로버트. E. 퀸Robert. E. Quinn이 갈파했듯이 근원적인 변화의 가장 큰 적은 과거의 경험과 과거의 지식입니다. 그렇기에 우리는 그 변화의 첫 출발점으로 변화의 근원적인 상태To-be를 정확히 이해할 필요가 있습니다. 이 책은 그 방향성To-be을 제시하고 있습니다.

마지막으로 이 책은 전문가 영업의 구체적인 방법론을 제공하고 있습니다.

저는 박주민 대표가 이론가이기 이전에 현장에서 크고, 현장에서 단련된 전사임을 잘 알고 있습니다. 박주민 대표는 대기업에서부터 중소기업, 개인사업에 이르기까지 다양한 영업현장에서 온몸으로 영업을 익힌 분입니다. 이분의 경험은 여러분의 영업 '디테일'을 더욱 날카롭고, 강력하게 연마시켜 드릴 것입니다.

저는 독자 여러분이 이 책을 통해서 B2B영업의 미래와 전문성에 대해 눈을 뜨고, 새로운 세계에 대한 기대로 가슴이 뛰는 경험을 하기를 바랍니다.

마지막으로 제가 좋아하는 세일즈맨 브라이언 트레이시의 말을 공유합니다.

"나는 위대한 세일즈맨은 아니다… (중략)… 그러나, 프로 세일즈맨이라고 자부한다. 프로 세일즈맨은 의사나 변호사가 자신의 전문분야를 공부하듯이 세일즈라는 전문분야를 진지한 자세로 공부해야 한다. 세부적인 사항에도 주의를 기울여야 한다. 우리가 판매하는 상품이나 서비스가 사람들의 삶에 큰 영향을 끼치기 때문이다."

프롤로그

최근 20년간 기업 경영의 화두가 제품을 '얼마나 잘 만들 것
인가'에서 '어떻게 잘 팔 것인가'의 흐름으로 이동한 것에 대해
동의하지 않는 사람은 별로 없다. 전반적으로 기업들의 기술력
이 상향평준화되면서 제품의 차별화를 통한 시장 우위를 오랜
시간 유지하기가 어려워졌기 때문이다. 그런데 이상하게도 기
업교육 현장에 나가 영업강의를 하다 보면 20년 전이나 지금이
나 영업에 대한 이해도가 크게 달라지지 않았음을 느낄 때가 많
았다. 제조가 중심이었던 시절부터 시작해 지금까지 생산이나
R&D를 넘어 재무, 인사 분야까지도 혁신이 꾸준하게 이루어
져 온 것에 비하면 영업의 혁신은 니무나 너니나. 과연 영업 패
러다임이 온 게 맞긴 한 건가 싶을 정도다. 그 이유를 곰곰이 생
각해 보니 크게 두 가지로 압축할 수 있었다. 첫째는 국내 실정

에 맞는 실무와 이론으로 다져진 B2B영업교육 전문가가 부족했고, 둘째는 B2B영업에 대해 CEO를 포함한 경영진들의 상대적 무관심 혹은 이해 부족에 있었다고 필자는 진단했다.

오늘날의 고객들은 인터넷의 시대에 살면서 많은 정보를 쉽게 얻을 수 있게 되었지만 오히려 과다한 정보가 그들의 구매 결정을 어렵게 만들고 있다. 또한 과거처럼 특정 부서에서 구매 결정에 관한 책임을 오롯이 떠안으려는 경향이 점점 줄어들고 조직 내의 다양한 이해관계자들의 니즈를 종합적으로 고려한 컨센서스형 구매를 하려고 한다. 바로 이러한 구매 환경의 변화는 이들을 상대하는 공급사의 영업조직으로 하여금 보다 전문화된 영업인력을 필요로 하게 되었는데, 이 책의 주제어인 전문가 영업을 수행하는 각각의 전문가 영업대표, 전문가 영업관리자를 가리킨다. 어떤 분야가 전문화되면 용어도 세분화되듯이 필자는 두루뭉술한 영업전문가라는 용어를 선호하지 않는다. 그래서 이 책에서 지향하는 전문가 영업의 취지에 맞게 각각 전문가 영업대표, 전문가 영업관리자를 역할별 주제어로 삼게 되었음을 미리 말씀드린다.

이번 필자의 책은 기업 내 CEO를 위시한 경영진들께서 많이 봐주셨으면 좋겠다는 생각으로 써 내려갔다. 서두에 언급했듯이 이분들의 관심과 이해가 없이는 진정한 영업 혁신을 이루기가 어렵겠다는 판단에서다. 그래서 이번 책은 빠른 이해와 공감을 위한 왜Why와 무엇What에 상당히 집중해야 했다. 그렇지만 짧고 굵은 어떻게How를 사이사이 배제하지 않았음도 더불어 밝혀둔다. 다음으로 영업관리자들과 영업대표들에게는 미래의 경영진을 꿈꾸는 마음으로 읽어주시길 당부드리고 싶다. 영업대표들을 위해선 현장에서 고객을 발굴해 계약으로, 또 계약 이후에 이르는 전 과정까지 놓쳐서는 안 될 핵심적인 내용들을 시간적으로 구성했다. 영업관리자들을 위해선 단순한 관리의 영역을 넘어 새로운 영업환경에 부응하는 전략 코치, 전략 마케터로서의 역할에 걸맞은 내용들로 구성했다. 필자는 기업조직에서 가장 중요한 위치가 바로 영업관리자라고 생각하기 때문에 책장이 덮일 때쯤이면 왜 필자가 전문가 영업관리자를 리틀 CEO라 명명했는지를 알게 될 것이다.

요즘은 어떤 대상에 '찐'을 붙이지 않으면 본래의 의미마저 퇴색되는 분위기다. 정말 친한 친구를 찐친, 진성 고객을 찐고객으로 부르는 게 의미적으로 훨씬 더 강하게 와닿는다. 참고로 이 책은 필자의 영업교육 콘텐츠인 'B2B, 전문가專門家영업으로 승부하라' 시리즈를 기초로 해서 만들어졌나. 그리고 전문가 영업의 모토가 '최상의 가치를 고객에게 실현하자'인데 '찐'이라는 표현 속에 그와 관련된 모든 긍정적인 의미가 함께 담겨 있기에 책 제목에 과감히 '찐'을 사용하게 되었다. 같은 해 아래 새것이 없다는 말이 있다. 필자의 이번 책도 B2B비즈니스와 관련된 수많은 기업고객, 국내·외 저술가, 연구 기관, 영업교육 전문가들이 없었다면 탄생될 수 없었을 것이다. 그래서 글을 쓰는 자가 집필하는 과정에서 더 많은 배움과 깨달음, 부끄러움까지 얻게 되는 것 같다. 그렇지만 독자들에게만큼은 좀 더 값어치 나는 책이 될 수 있도록 필자의 진솔한 경험과 깊은 고민의 흔적들을 반영하는 데 주저하지 않았다. 여러 모로 부족한 한 사람이 이른바 지식과 경험, 통찰이 어우러진 책을 써 보겠노라고 한동안 용을 써 보았는데 이 책에 대한 판단은 오직 독자의 몫이다.

B2B,
'찐'영업으로 승부하라!
SALES EXPERT ORGANIZATION

contents ─────────────

1막

전문가 영업이라 쓰고 '찐'영업이라 부른다

기업경영의 중심, B2B 전문가 영업의 이해

3막

좋은 영업관리자를 넘어 전문가 영업관리자로

B2B 전문가 영업조직 역량 강화(영업관리자 편)

B2B,
'찐'영업으로
승부하라!
SALES EXPERT ORGANIZATION

전문가 영업이라 쓰고
'찐'영업이라 부른다

기업경영의 중심, B2B 전문가 영업의 이해

01

코로나 시대,
전문가 영업과 세일즈 뉴노멀

코로나 시대, 전문가 영업이 필요하다

코로나는 우리의 삶을 너무 많이 변화시켜 버렸다. 뭉치면 죽고 흩어지면 산다는 구호가 전혀 어색하지 않을 만큼 우리의 일상을 파고든 것만 봐도 그렇다. 비즈니스 현장은 또 어떠한가? 언택트라는 신조어가 유행하면서 온라인을 중심으로 한 디지털 트랜스포메이션Digital Transformation이 일하는 현장 곳곳에 뿌리내리고 있다. 마치 "언제 우리가 직접 만나서 일한 적이 있었나요?"라고 말하는 것만 같다. 각종 교육을 포함해서 사내 업무 미팅 심지어 사교적인 대화까지도 다양한 디지털 툴Tool을 통해 마주한다. 그렇다면 기업을 대상으로 하는 영업활동은 어떠한가? 역시 고객을 만나기가 어렵다는 영업대표들의 볼멘소리들을 강의현장을 통해 많이 접할 수 있었다. 신규 개척은 엄두조차 내지 못하고 국내는 물론 해외시장 판로까지 막히다 보니 영업활동을 하는 데 있어 여러 가지 애로사항이 많다는 이야기들이었다.

하지만 그런 가운데에서도 소위 언택트 영업을 통해 먼 나라로부터 수백억 원에 달하는 수주를 달성한 회사들의 기사를 접할 때면 과연 무엇이 남들과 똑같은 열악한 조건임에도 다른 결과를 만들어낼 수 있었을까를 생각해 보지 않을 수 없었다. 그래서 살펴보고 연구한 결과 성공하는 중대형 규모의 기업영업활동에는 나름대로의 전문가 영업 역량이 가동되고 있음을 알수 있었다. 전문가 영업은 여러 가지 방식으로 표현될 수 있지만 이 책에서 정의하는 개념은 다음과 같다. "고객가치를 실현할 목적으로 고객에게 새로운 관점과 통찰을 선제적으로 제시해 고객의 필요와 문제를 해결하는 솔루션 영업" 필자는 모든 B2B영업의 출발은 이 개념으로부터 시작되어야 한다고 주장한다. 특히, 중대형 규모의 기업영업활동에서는 필수다. 하지만 전문가 영업문화가 자리 잡지 못한 우리나라에서는 아직까지도 가치지향 영업이 아닌 판매지향 영업, 통찰이 아닌 가격과 제품 위주의 영업만을 고수하는 경우가 많다. 하지만 이제는 전문가 영업을 더욱 고려하지 않으면 안 되는 상황이 되어버렸다. 점점 더 가속화되는 시장 내 치열한 경쟁구도와 고객의 구매환경 변화 때문이다. 거기에 코로나19로 인한 물리적 거리두기가 그 필요를 더욱 앞당겼다. 이러한 어려운 환경 속에서 차별화된 전략으로 무장한 전문가 영업이 없이는 경쟁사를 뛰어넘어 고객을 확보하고 유지하기가 쉽지 않게 된 것이다.

변화하는 구매환경에 대응하라

시장과 고객은 공급자 중심에서 구매자 중심으로 바뀐 지 이미 오래다. 제품력 하나만으로 시장을 선도하는 시절은 지나갔으며 비슷한 조건이라면 영업의 차별화가 기업경영의 차별화로 이어지는 패러다임에 진입한 것이다. 그럼에도 불구하고 생각보다 많은 기업들이 과거의 틀 속에 갇혀 공급자 중심의 영업활동을 하는 경우를 많이 보게 된다. 영업조직은 이유도 모른 채 고객의 이탈을 아무런 문제의식 없이 그저 바라만 본다. 단기적인 매출에만 급급한 나머지 영업대표들은 구심점을 잃고 우왕좌왕한다. 그들의 눈빛을 바라보노라면 마치 이런 말을 하고 있는 것만 같다. "여긴 어디? 나는 누구?" 예전이나 지금이나 영업관리자의 업무는 크게 변한 게 없다. 매출을 만들기 위한 고민보다는 어떻게든 매출을 찾아내기 위해 존재하는 사람들처럼 보인다. 시간이 없으면 만들어서라도, 고객과 시장을 연구하고 쪼개서라도 영업대표와 전략을 고민해야 하는데 시간이 날 때마다 매출 점검과 보고서 작성에만 여념이 없다. 이것이 비단 이들만의 잘못이 아니라는 것을 필자는 잘 알지만 이 책을 통해서나마 앞으로 어떠한 영업대표, 어떠한 영업관리자로 거듭나야 하는지에 대한 방향성을 찾았으면 하는 바람이다.

　필자가 일하던 시절 영업관리자들은 틈만 나면 영업대표들에게 회사 밖으로 나가 고객을 만나라고 종용하곤 했다. 지금은 코로나 때문에 고객을 직접 대면하기가 어려워졌지만 고객과 직접 만나 가급적 많은 시간을 보내는 것이 고객에게나 회사에게나 이익이 되는 걸 모르는 영업인은 아마 없을 것이다. 그런데 이제는 자주 보는 것보다 한 번을 만나더라도 제대로 된 만남을 가지는 게 더 중요해졌다. 과거에는 관계영업이 중요해서 무조건 자주 만나 친해지면 그것이 실적에 영향을 미치는 경우가 적지 않았다. 하지만 최근 고객사 내 구매 환경은 과거와 달리 특정 부서의 권한으로만 구매가 결정되는 경우가 점점 사라지고 있기 때문에 관계영업이 구매결정에 예전만큼 영향력을 미치지는 않는다. 그렇다고 해서 관계영업이 중요하지 않다는 뜻으로 오해하면 곤란하다. 특히, 중대형 규모의 영업 활동에서는 관계영업이 매우 중요하다. 다만 그것이 관계를 매개로 한 판매 지향 영업이냐 솔루션을 매개로 한 가치 지향 영업이냐에 따라 관계의 질이 확연히 다르다는 점을 인식할 필요가 있다. 이 부분에 대해선 2막과 3막에서 보다 자세히 다룰 예정이다. 그렇다면 한 번을 만나더라도 제대로 된 만남을 가진다는 의미는 무엇일까? 그것은 고객에게 새로운 관점을 제시하기 위해 끊임없는 선행학습을 전제로 고객과 접촉해야 함을 의미한다. 여기서 말하는 선행학습은 고객사에게 도움이 될 만한 아이디어가 될 수도 있고 다가올 시장을 예측하는 예리한 통찰이 될 수도 있다.

가령 경쟁사 영업대표가 당신이 맡은 동일한 고객사 담당자를 만난다고 가정해 보자. 그는 언제나 고객사와 담당자에게 실질적으로 도움이 되는 시장 내 아이디어와 생각지 못했던 통찰을 언급하는 데 반해 당신은 찾아와 허구한 날 담당자의 취미나 회사 내 정치적 역학관계에 대해서만 캐물으려 한다면 장기적으로 누가 이 게임의 승자가 되겠는가? 사무용 기기를 제조하는 한 회사의 신입 영업대표 A의 이야기다. A는 최근 실적 부진으로 고민이 많았다. 그런데 고객사 중 하나가 본사 건물을 새로 지었는데 여기에 경쟁사 가구가 납품되기로 거의 결정이 되었다는 소식을 들었다. 그럼에도 A는 여기서 물러서면 안 된다고 생각했고 끈질긴 노력 끝에 고객사의 부동산 및 건물관리 담당 임원과의 미팅을 주선했다. 이야기를 듣다 보니 해당 임원이 중요하게 여긴 것은 직원들이 효과적으로 교류할 수 있도록 편안한 공간을 제공해 주는 것이었다. 공간 디자인 도면을 본 A는 도면상에 배치된 그룹별 인원이 너무 많다는 문제점을 파악하고는 이렇게 말했다. "그룹별로 8명씩 모여 앉는 구조는 협동심 향상에 오히려 방해가 됩니다. 가장 최적의 환경은 2명이나 3명씩 모일 때고 7명 이상은 생산적이지 못합니다. 너무 큰 회의실을 만드는 게 아닌가 싶습니다." 그러자 임원은 "오 그렇습니까? 아주 좋은 정보입니다. 그런데 어쩌죠? 거의 내정된 업체가 있거든요."라고 대답했다. 하지만 A는 아랑곳하지 않고 오직 고객을 위해 자신의 전문성을 바탕으로 계속 이야기를 이어나갔다. 회의실 중간에 이동식 내벽을 설치하여 3명이나 4명이 이용하기에 적당한 두 개의 회의실로 나눌 수 있다고 설명했다. 그러면서 이 고객사 환경에 적합한 자사의 제품까지 소개했다. 이것이 선행학습을 통한 전문가 영업의 한 예다. 전문가 영업이라고 해서 항상 결과가 좋은 것만은 아니다. 또한 영업 경력이 많다고 잘하고 영업 경력이 짧다고 못하는 것도 아니다. 중요한 것은 올바른 태도와 열정을 가지고 전문가 영업을 하게 되면 고객은 해당 영업대표에게 의지하고 싶어진다는 점이다.

세일즈 뉴노멀, 전문가 영업이 내근 기획직인 이유

필자가 예전부터 입버릇처럼 하고 다니던 말이 있다. "기업대상 전문가 영업은 외근직이 아닌 내근 기획직이다."라는 메시지다. 이 말은 외근을 하지 말라는 뜻이 아니다. 중대형 규모의 영업활동에서 새로운 관점과 통찰의 제시를 위해 선행학습의 중요성을 강조한 말이다. 단순히 고객을 만나는 데에만 초점을 두지 말고 더 많은 시간을 학습과 제안 연구에 투자해 전문가 영업을 하라는 일종의 주문이었던 거다. 담당하는 고객과 관련된 산업의 이슈, 다양한 분야의 비즈니스 칼럼, 전문적인 강의 등을 학습하고 고민한 다음 자신만의 관점을 간이제안서에 옮기는 작업을 수시로 하면서 고객을 만나는 것이다. 그런데 코로나가 닥쳐와 사무실에 혹은 집에 콕 박혀 일을 하게 되었으니 이제는 반강제적으로 내근 기획직이 되어 버렸다. 혹시, 이 글을 보시는 기업 내 최고경영자가 계시다면 영업부서 사무실 한편에 쉼과 학습이 가능한 전용 도서관을 마련해 주실 것을 당부드린다. 지금도 코로나의 창궐로 수많은 사람들이 죽음으로 내몰리고 있는 미국. 한때 트럼프 대통령의 대항마로 민주당 후보 조 바이든의 대체 후보로까지 거론된 인물이 있었으니 그가 바로 앤드류 쿠오모 뉴욕 주지사다. 그는 코로나와 맞서 싸우며 공화당 정부의 코로나 대응책을 신랄하게 비판하고 트럼프와 설전을 벌여 화제가 된 인물이다. 당시 그의 기자회견 연설이 많은 이들에게 새로운 경각의 메시지로 다가왔다. "난 우리가 일상으로 돌아갈 수 없다고 생각한다. 나는 우리가 새로운 일상New normal을 맞이하게 될 거라 생각한다. 마치 우리가 지금 경험하고 있는 것처럼 우리는 전혀 다른 곳으로 돌아가게 될 것이다."

여기에서 쓰인 뉴노멀이라는 용어는 예전부터 사용되어 왔지만 코로나를 계기로 다가온 우리들 삶의 새로운 기준을 의미하며 그렇기에 우리 모두는 그 상황에 철저히 대비해야 한다는 의미로 해석될 수 있다. 눈치를 챘겠지만 영업에도 새로운 일상이 찾아들었다. 이른바 세일즈 뉴노멀Sales new normal이다. 인적 네트워크를 중심으로 컨택Contact의 영업방식에서 디지털 네트워크를 중심으로 한 언컨택Uncontact의 영업방식으로 변모한 것이다. 쉽게 말해 고객을 만나는 방식이 비대면·비접촉의 형태로 바뀌어가고 있음을 의미한다. 이러다 보니 자연스럽게 영업대표들이 고객과의 소통을 디지털 기반이나 유선상으로 하는 데 시간을 할애하기 시작했다. 그림1은 맥킨지에서 2020년 4월 초 B2B영업 관련 의사결정자들에게 코로나 바이러스 창궐 이전과 이후의 영업활동 방식에 대해 조사한 것이다.

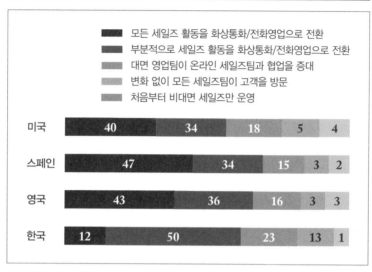

|그림1| 코로나19로 인해 세일즈 모델을 어떻게 변경하고 계신가요?(단위:%)

■ 모든 세일즈 활동을 화상통화/전화영업으로 전환
■ 부분적으로 세일즈 활동을 화상통화/전화영업으로 전환
■ 대면 영업팀이 온라인 세일즈팀과 협업을 증대
■ 변화 없이 모든 세일즈팀이 고객을 방문
■ 처음부터 비대면 세일즈만 운영

미국	40	34	18	5	4
스페인	47	34	15	3	2
영국	43	36	16	3	3
한국	12	50	23	13	1

자료 출처: Mckinsey B2B Decision Maker Pulse Survey, April 7, 2020 (미국 n = 622, 스페인 n = 200, 영국 n = 199, 한국 n = 201)

코로나19의 대응과 관련해 어떻게 세일즈 모델을 변경해 가고 있는지를 보여준다. 미국을 중심으로 한 유럽의 서방 국가들은 영업 채널의 90%가 화상회의Video Conference, 전화, 웹 판매 모델로 이동한 반면 한국의 경우 60%가량만이 완전 비대면 혹은 부분적 비대면 영업을 진행한 것으로 나타났다. 참고로 자료에서는 이에 대해 리모트 셀링Remote Selling이라는 표현을 쓰고 있다. 상대적으로 대면 접촉을 중시하는 동양권 문화, 그중에서도 한국이 리모트 셀링화 비율에서 떨어지게 나온 셈이다. 하지만 추측하건데 이 60%의 비율은 코로나19 이전에 비하면 상당히 높은 수치일 것이고 시간이 갈수록 더 늘어날 것이라는 판단이다. 코

로나 시대, 이제 세일즈 뉴노멀의 패러다임 속에 전문가 영업을
하루빨리 접목하지 않으면 안 되는 상황이 되었다. 지금부터 필
자와 함께 전문가 영업의 세계로 떠나 보자.

02

고객이 의존하게 만드는
슈퍼을의 영업

슈퍼을이 되어 영업을 한다는 것의 의미

슈퍼을이라는 말을 처음 접한 건 저자 이동영 씨가 쓴 책『처음에 반하게 하라』에서였다. 책의 저자 이동영 씨는 현직 언론사 기자로서 수많은 취재원을 지켜본 결과 갑과 을이 존재하는 비즈니스 세계의 패러다임이 바뀌는 모습을 목격하게 된다. 그는 권력자의 위치에 서 있는 갑과의 갈등 관계를 지혜롭게 풀어가는 을들에게 주목하게 되었는데 과거에는 갑에게 치이고 부대끼면서도 생존을 위해 굴욕을 감수하는 것이 전형적인 을의 모습이었다면 오늘날에는 그 흐름이 바뀌기 시작해 자신만의 무기와 매력으로 사실상 갑을 끌고 가는 을들이 점점 더 많아지고 있음에 주목했다. 그리고 이들을 일컬어 그는 '슈퍼을'이라 칭했다. 참으로 공감이 가고 적절한 용어라는 생각이 들어 책을 집자마자 끝까지 읽어 내려간 기억이 지금도 생생하다. 그런데 이 책에서 말하는 슈퍼을의 의미가 전문가 영업이 추구하는 것과 매우 비슷하다는 사실을 알게 되었다. 예를 들어 슈퍼을이 갑으로부터 벗어나려고 할 때마다 갑은 슈퍼을을 더욱 찾게 되고 그들이 없으면 업무가 진행되지 않을 정도로 매우 불편해하더라는 것이다. 그 이유는 평소 갑이 필요로 하는 것을 그들은 정확하게 알고 있으며 항상 그것을 제공하기 위해 최선을 다하기 때문이었다. 그리고 특징적인 것으로 이들은 관계 자체에 연연하기보다는 갑이 성공하는 데 필요한 솔루션에 더 관심이 많다는 사실이다. 이들은 굳이 갑과 친해지려고 애를 쓰지 않아도 자연스럽게 갑과 친분을 유지해 가며 대체불가 슈퍼을로서 당당하게 자신의 일에 매진한다.

그렇다면 전문가 영업에 있어 이렇게 멋진 슈퍼을이 되려면 어떠한 자질이 필요할까? 첫째는 고객의 구매 과정을 지도하는 역량이다. 이 말의 의미는 해당 분야의 전문성과 통찰력을 바탕으로 고객이 처한 현재의 문제뿐만이 아닌 고객의 숨겨진 열망까지 찾아 가이드할 수 있는 역량을 뜻한다. 특히, 중대형 규모의 비즈니스의 경우 거래 규모가 크고 거래기간 또한 길기 때문에 고객은 구매 결정을 하는 데 있어 매우 신중해질 수밖에 없다. 자신들의 판단이 회사의 앞날에 또 자신들의 안위에 큰 영향을 미치기 때문이다. 그렇기 때문에 영업대표는 고객이 솔루션을 구매함으로써 얻게 될 이익뿐만이 아닌 구매 이후 생겨날 수 있는 여러 불안 요소까지 구체적인 자료를 바탕으로 전문적인 지도를 할 수 있어야 한다. 둘째는 커스터마이징Customizing 역량이다. 오늘날 기업들은 구매 결정을 과거처럼 특정 부서나 키맨Key man의 단독적인 의사에만 의지하지 않는다. 오히려 다양한 관계자들의 의견을 수렴하는 과정을 통해 최대한 위험을 회피하려 한다. 그렇기 때문에 영업대표는 각각의 이해관계자 특성에 맞는 제안을 맞춤식으로 준비하여 단위 부서들을 대상으로 제안할 수 있어야 하는데 이러한 것이 바로 커스터마이징 역량이다. 셋째는 고객을 압박할 수 있는 역량이다. 여기서 말하는 압박의 의미는 고객을 무조건 밀어붙이는 개념이 아니다. 거래과정에서 발생하는 고객의 잘못된 판단이나 불합리한 요구에 대해 단호하게 대처하는 태도를 의미한다.

고객의 이슈와 문제해결에 집중하라

대표적인 것이 바로 가격 협상이다. 가령 고객이 무리한 가격 할인을 요청해 올 경우 영업대표는 미리 준비한 시나리오에 따라 협상의 폭을 조율할 줄 알아야 하고 상황에 따라 갈등을 활용할 수도 있어야 한다. 이렇게 지도하는 역량, 커스터마이징하는 역량, 압박하는 역량은 관계를 매개로 한 판매 지향 영업방식과의 결별을 의미한다. 바꿔 말하면 솔루션을 매개로 한 가치 지향 영업을 한다고 말할 수 있는데 역설적인 것은 오히려 후자의 영업방식에서 더 건강하고 탄탄한 고객과의 관계가 형성된다는 점이다. 단순하지만 아래의 고객 접근방식에서부터 차이가 남을 알 수 있다. 모두가 관계를 맺고 싶어 하는 고객사 B가 있다. 고객사 B에게 어떻게든 잘 보여 수주에 성공하려는 경쟁사 영업대표들의 온갖 영업활동이 난무한다. "김 부장님, 오늘 시간 괜찮으세요? 저희가 오늘 유명한 일식집 예약을 해두었거든요. 오늘 모시고 싶습니다.", "저희가 이번에 파격적인 제안을 드리려고 합니다. 분명 만족하실 겁니다.", "이번에 저희가 개발한 신제품을 보신다면 정말 마음에 드실 겁니다." 그런데, 유독 한 명의 영업대표만이 다른 스타일의 제안을 해온다. "최근 귀사가 참가한 콘퍼런스 주제에 깊은 인상을 받아 관련 자료를 모아 분석하고 요약해 보았습니다. 저희들의 아이디어와 의견도 포함되어 있는데 한번 검토해 보시겠습니까?" 여러분은 이들 중 어느 영업대표의 제안에 더 흥미가 느껴지는가? 아마도 정상적인 경우라면 맨 나중에 제안한 영업대표의 의견에 더욱 관심이 길 것이나.

위의 상황 예제에서 본 바와 같이 전문가 영업은 모든 영업과정에서 고객의 이슈에 집중하는 솔루션을 매우 중시한다. 궁극적으로 솔루션이 고객을 만족시키고 결과를 만들어내며 고객을 의존하게 만드는 강력한 수단이기 때문이다. 그런 의미에서 솔루션에 대해 좀 더 살펴보도록 하자. 고객은 구매 품목에 따라 가격에만 치중해 제품을 구매할 때도 많다. 대표적인 것이 기업 내에서 쓰는 객단가가 낮은 비품들이다. 하지만 이렇게 객단가가 낮은 구매조차도 구매 주기가 빈번해지고 누적 금액이 커지다 보면 개선점이 필요한 시점이 다가오게 마련이다. 그러면서 고객은 어느 순간 슬슬 다른 업체들과 비교 견적을 내기 시작한다. 만일 여러분이 이러한 제품들을 납품하는 회사의 영업대표라면 어떻게 지속적인 매출을 이어나갈 것인가? 이때 필요한 것이 고객을 의존하게 만드는 솔루션이다. 솔루션은 고객이 처한 현재의 문제를 해결해 주는 것도 중요하지만 고객의 상황을 살펴 앞으로의 문제까지 해결해 줄 수 있는 대안을 제시할 때 그 의미가 더욱 커진다. 이런 경우라면 비용 절감에 관한 솔루션을 기획해서 제시할 필요가 있다. 가령 누적된 구매내역 중에서 상대적으로 불필요한 구매 항목을 제거하고 대체재를 찾아 구매 효율성에 균형을 맞추어 주는 분석자료 등을 제공하는 것이다. 이렇게 되면 고객의 실제 문제를 해결해 준다는 측면에서도 이점이 있지만 생각하지 못했던 영역을 선제적으로 고민해 주는 영업대표에게 신뢰가 쌓여 고객은 더욱 의지하게 된다.

왜 관계가 아닌 솔루션 영업이 중요할까

다음은 강의 현장에서 솔루션의 개념을 좀 더 쉽게 이해시키기 위해 필자가 자주 드는 사례 중 하나다. 필자는 커피사업을 7년 가까이 한 적이 있다. 커피를 직접 로스팅해서 B2B로 납품도 하고 매장에서 고객응대도 병행했다. 거의 매일 찾아오는 단골손님이 계셨는데 이분은 당시 필자의 히트 상품이었던 콜롬비아 타타마라는 품종을 핸드드립 커피로 즐겨 드셨다. 그런데 어느 날 필자에게 찾아와 이런 부탁을 했다. "사장님 이 커피를 저희 회사 워크숍 행사 때 직원들에게 마시게 해주고 싶어요. 현장에서 핸드드립으로 가능할까요? 인원은 총 300여 명 정도 됩니다." 한 번도 경험해 보지 못한 당혹스러운 요구였지만 잠깐의 고심 끝에 도전해 보기로 했다. B2C 고객이 B2B 고객으로 둔갑한 순간이었다. 하지만 제한된 시간 내에 300여 명의 커피를 현장에서 추출하는 것과 매장에서와 같은 맛의 재현이라는 것이 생각처럼 간단한 일만은 아니었다. 특별한 솔루션이 필요했고 순간의 궁리 끝에 아이디어가 떠올랐다. 커피는 로스팅한 직후 밀봉상태로 냉동 보관을 하면 신선도가 오랫동안 유지되는데 1주일 정도면 맛있게 숙성이 된다. 행사 일주일 전 필자는 300인분에 해당하는 커피를 미리 로스팅을 하고 행사 당일 직원들과 함께 2시간여에 걸쳐 핸드드립 원액을 추출했다. 그런 다음 황학동에서 사온 대형 스테인리스통에 원액을 담아 행사 장소로 이동을 했다. 그리고 현장에 준비된 대형 테이블 옆에 미리 마련한 온수를 컵에 담아 일정 비율에 맞춰 원액을 섞어 서비스하면 끝. 결국 점심시간이 끝나고 올라오는 직원 300여 명에게 현장에서 드립 커피를 성공적으로 서비스한 것이다.

고객의 표현에 의하면 매장에서 마신 것과 비교할 때 90% 이상 동일한 커피 맛이 재현되었다며 만족감을 표시했다. 부족한 10%는 매장 분위기를 느낄 수 없었던 것에 대한 아쉬움이라 하니 사실상 완벽한 현장 서비스를 한 셈이다. 당시로서는 필자가 세계 최초의 핸드드립 커피 케이터링 서비스를 실현한 순간이었다고 생각된다. 무엇을 말하려는 것인가? 이것이 바로 고객의 필요를 채우는 솔루션 영업이라는 것이다. 정리하면 솔루션 영업은 담당하는 분야의 전문성을 바탕으로 기존 상품이나 다른 자원들을 새롭게 재구성할 수 있는 역량에서 출발한다. 그리고 고객의 관점에서 커스터마이징된 솔루션이 제공되면 고객은 열광하고 해당 영업대표에게 더욱 의존하게 된다. 한마디로 팬이 되는 것이나 다름없기에 굳이 고객과 친해지려고 관계영업에 에너지를 쏟지 않아도 된다. 관계 영업이냐 솔루션 영업이냐에 대해선 이미 서양 영업권에서 어느 정도 의미 있는 연구 결과들이 소개된 바 있다. 대표적으로 미국의 SEC^{Sales Executive Council}

가 90여 개 사 6,000여 개의 영업 샘플을 연구한 자료에 따르면 여러 항목 중 관계를 중시하는 기업고객의 비중이 결코 높지 않았다는 것이다. 이는 아무리 관계가 좋다 할지라도 구매 결정 단계에 접어들면 더 좋은 가치를 제공한 측의 손을 들어주게 된다는 의미이다. 어찌 보면 당연한 얘기인데 오랜 세월 국내에선 당연하게 받아들여지지 않은 주제이기도 했다. 다시 한번 강조하건대 전문가 영업은 관계 자체가 아닌 관계의 질에 집중한다. 솔루션을 통한 전문가 영업, 고객을 의존하게 만드는 슈퍼을들만이 할 수 있는 진정한 관계영업이 필요하다.

03

삼성전자는 왜 B2B에 칼을 빼들어야만 했나?

삼성전자, 초점의 오류로부터 벗어나다

전지현, 그녀는 대한민국을 대표하는 배우 중에 한 사람이다. 지금도 왕성한 활동을 하고 있다. 필자 개인적으로 생각하기에 그녀에게 어울리는 수식어는 '배우'보다는 'CF퀸'이 아닐까 생각한다. 세월을 거슬러 90년대 중반부터 2000년대 초까지 삼성전자는 전지현이라는 모델을 앞세워 프린터 제품의 브랜딩 강화에 열을 올렸다. HP, 신도리코, 엡손, 캐논과 같은 다국적 기업들이 선점한 국내 프린터 시장에 일종의 도전장을 내민 것이다. 필자의 기억에 삼성전자는 90년대 중반 국내 광고비만 4천억 이상을 집행한 경우도 있었다. 삼성전자의 광고 집행력은 실로 대단했고 그야말로 거칠 것이 없었다. TV를 포함한 신문, 잡지, 옥외광고, PPL 등 전 매체에 걸쳐 엄청난 비용의 광고를 집중 투하했다.

TV만 틀면 전지현의 현란한 춤사위가 어우러진 삼성의 프린터 광고를 쉽게 볼 수 있었다. 당시 필자는 삼성전자 광고기획 팀에서 근무했는데 가끔 선배들을 따라 광고 촬영장에서 촬영 중인 전지현을 쿨한 척하며 지켜보곤 했던 기억이 난다. 얼마 지나지 않아 시장의 판도는 서서히 삼성 프린터로 기울어지기 시작했다. 레이저 및 잉크젯 부문 시장 MS 1, 2위를 빠른 시간에 탈환한 것이다. 놀라웠다. 그때부터 나돌았던 '역시 삼성이 하면 다르다.'는 소문들이 하나의 공식처럼 세간에 구전되기 시작했다. 막강한 자금력과 강력한 유통망을 지닌 삼성이라면 어떠한 제품, 어떠한 사업을 펼치더라도 1등을 할 수 있을 거라는 의미이기도 했다. 시장 내 경쟁사들은 삼성을 두려워했고 내부 직원들의 사기는 하늘을 찔렀다.

그런데 그것이 초점의 오류였음을 깨달았다. 전체를 보지 못하고 부분에 국한해 왜곡된 판단을 했던 것이다. 그 사실을 깨닫기까지 그리 많은 시간이 걸리지는 않았다. 바로 B2B라고 하는 거대한 메이저리그가 우리를 기다리고 있었던 것이다. 전지현을 앞세워 위용을 뽐내던 B2C에서와는 달리 B2B에서는 삼성의 프린터가 고전을 면치 못했던 것이다. 2천 년대 중반 삼성전자는 방향타를 B2B로 틀기 시작했다. 제품력을 바탕으로 유통망과 마케팅의 힘으로 소비자를 끌어들이는 B2C보다 제품에 솔루션을 입혀 기업고객에게 직접 찾아가는 B2B가 훨씬 시장이 크고 부가가치가 높다는 것을 깨달았기 때문이다. 비유를 들자면 삼성은 B2C라는 마이너리그에서 주름잡는 골목대장쯤으로 볼 수 있었다. 단순히 IT시장을 100으로 놓고 봤을 때 그중에 30은 B2C로, 70은 B2B로 보는 것이 맞았다. 결국 30에서 제아무리 1등을 해봐야 전체 IT시장으로 확대해 보면 최대 30을 넘길 수 없다는 자체 결론이 나온 것이다.

삼성전자는 70이라는 메이저리그를 평정하길 원했다. 2천 년대 중반 삼성전자의 지휘봉을 잡고 있던 윤종용 부회장은 "삼성전자의 미래 중 하나는 B2B다. 시작은 한국에서 하지만 우리는 세계로 간다!"라고 천명을 했다. 그리고 그로부터 10년이 지난 후 최근 삼성그룹 이재용 부회장 역시 그룹의 4대 변화 키워드 중에 하나를 B2B로 잡았다. 물론, 그룹 내 다양한 계열사들이 오래전부터 B2B 사업을 안 해온 것은 아니었다. 하지만 B2B영업에 대한 본원적인 역량에 있어서 삼성은 해외의 유수 B2B 전문 기업들에 비해 많이 뒤처져 있었던 것이 사실이었다. 그리고 그룹 내 선봉장으로서 삼성전자가 국내 시장을 테스트 베드Test Bed 시장으로 삼아 성공의 발판을 마련코자 했던 것이다. 하지만 B2B영업은 녹록지 않았다. 많은 학습을 요구했고 체질적 개선을 필요로 했다. 무엇보다 고객에 대한 접근 방식과 태도부터 달라야 했다.

삼성전자도 예외일 수 없다

2020년 삼성전자의 B2B영업은 여전히 진화 중(?)이다. 과거에 비해 제품과 시장, 고객의 포트폴리오도 많이 바뀌었다. 또한 여전히 B2B 사업영역 확대를 위한 투자는 꾸준히 이루어지고 있다. 세계 최대 B2B 전시회인 독일 세빗CEBIT에서 기업 대상 사물인터넷 솔루션과 B2B 브랜드인 '삼성 비즈니스SAMSUNG BUSINESS' 공개 등이 바로 그 예이다. 또한 필자가 파악한 바에 따르면 삼성전자의 국내 B2B 사업 규모는 과거 10년 전에 비해 3배 이상 성장했다. 하지만 여전히 질적인 측면만 놓고 보면 B2B 사업에서 필요로 하는 고객중심적 접근과는 다소 거리가 있어 보인다.

가령, 기존 및 신규 고객사들과의 다이렉트 협업에 의한 다양한 영업기회이 창출보디는 여진히 협력사늘을 대상으로 한 삼성 특유의 정책과 관리로 이끌어가는 면들을 들 수 있겠다. 필자가 방금 전 삼성의 B2B영업이 진화 중(?)이라며 단어 뒤에

물음표를 붙인 이유다. 혹자는 이를 '삼성 식의 새로운 B2B 사업 스타일'이라고 항변할지도 모른다. 여기에 더해 시장을 제로섬이 아닌 파이 자체를 키웠다며 관점 자체를 바꾸어 말할 수도 있다. 과연 그럴까? 이 부분에 관해선 관련 전문가들과 더불어 별도로 논의해 볼 필요가 있어 보인다.

확실한 건 B2B와 B2C는 서로 많은 면에서 그 결이 다르다는 점이다. 물론 고객에게 편익이나 가치를 제공하는 영업의 본질 자체가 다르다는 의미는 아니다. 오히려 오늘날 고객과의 소통과 관계 관리라는 측면에서 볼 때 B2B와 B2C는 서로 간의 장점들을 더 많이 보완해야 할 필요가 있다. 하지만 B2B영업은 보다 입체적으로 고객의 입장에서 생각하고 고객중심의 환경에서 출발해야 한다. 하나의 기업이라도 해당 기업 내에 소통해야 할 대상이 많기 때문이다.

고객 만족을 위한 고객의 필요와 열망, 경쟁사의 동향까지 섬세하게 챙겨야 할 부분도 많다. 그렇기에 이는 전지현을 투입해 시장의 판도를 단시간에 바꾸어 버리는 B2C 사업 스타일과 많이 다를 수밖에 없다. 오히려 B2B영업은 각각의 개별 고객들을 화려한 전지현으로 만들어주는 것에 가깝다. 이를 위해 공급사의 B2B영업대표는 오랜 시간 고객에게 공을 들이고 정성을 다해야 함은 물론 고객과의 신뢰를 쌓는 전문가 영업에 총력을 기울여야 한다. 삼성전자도 예외일 수 없다.

04

중소기업,
'전문가 영업 경영'이 절실한 이유

어제 오늘의 문제가 아닌 중소기업의 위기

어느 날 우연히 신문에서 다음과 같은 기사 내용을 접했다. "중소기업중앙회가 19일 중소기업 2,945개를 대상으로 한 〈2020년 중소기업 경기 전망 및 경영 환경조사〉 결과 내년 중소기업 경기전망지수SBHI는 올해보다 1.9포인트 하락한 81.3으로 나타났다. 2014년 조사 이래 최저 수준이다. 새해의 최우선 경영목표를 묻는 질문에 '현상 유지'라는 응답이 81.3%로 높았다." 2019년 12월 20일 자 한국경제에 실린 기사 내용 중 일부이다.

상기의 기사는 아침부터 필자의 마음을 불편하게 만들었다. 왜냐하면 중소기업의 경영목표는 많은 부분 영업목표와 맞닿아 있고 평소 '현상 유지'야말로 영업조직과 회사의 근간을 흔드는 가장 경계해야 할 태도라는 강한 소신을 갖고 있었기 때문이다. 기업대상 영업교육에 갈 때마다 나는 교육생들 앞에서 이렇게 자문자답하기도 했다. "여러분께서는 영업조직에 있어 가장 경계해야 할 요소가 무엇이라고 생각하십니까? 저는 지난 25년간 대기업, 중소기업, 개인사업을 두루 거쳐 다양한 영업활동을 해왔습니다만 '현상 유지'야말로 영업조직을 좀먹는 가장 나쁜 마인드라고 생각합니다." 말이 끝나자마자 모든 교육생들이 공감의 신호로 고개를 끄덕인다. '현상 유지'가 영업조직에 해가 된다는 것을 이들도 이미 체감적으로 알고 있는 것이다. 무엇보다 '현상 유지' 마인드는 영업 조직 내에 '현실에 안주하는 안일함', '도전에 대한 두려움' 등의 바이러스를 보이지 않게 전염시켜 건강한 영업조직마저 무기력을 낳게 한다. 솔직히 말해 영업조직이 아닌 다른 부서들, 예컨대 재무나 인사, R&D 등은 이번 달의 부서 목표를 다소 달성하지 못한다 하더라도 회사에 치명적인 문제까지 일으키지는 않는다. 하지만 영업조직이 한번 '현상 유지'하기로 마음을 먹는 순간 실적 역시 '현상 유지' 이상을 달성하기가 어렵게 되며 회사에도 언젠가 치명타를 입힐 수 있다. 그래서 영업조직에겐 보통 달성 가능한 목표보다 10% 정도 상회한 도전목표를 부과하기 마련인데 목표만 높게 잡는다고 해서 실적이 저절로 달성되지는 않는다. 세계적인 컴퓨팅 솔루션 기업인 IBM은 업계에서 소위 '영업 사관학교'로 통한다.

이 기업이 일찍이 이러한 '현상 유지' 타파를 위해 고안한 판매 예측 활동관리 시스템이 바로 '영업 파이프라인Pipeline'이다. 파이프라인은 경기가 좋을 때나 나쁠 때나 상관없이 상시 영업활동을 리드(Lead : 영업기회 생성 전 단계)로 축적하고 관리하게 만든다. 이를 통해 기업은 예측불허한 경영환경 속에서도 다음 달, 다음 분기의 목표를 달성해 갈 수 있는 것이다.

암중모색(暗中摸索)

이것이 바로 전문가 영업 시스템을 제대로 갖춘 기업경영의 일면이다. 그렇다면, 기업이 전문가 영업 경영을 잘하기 위해선 어떻게 해야 할까? 첫째, CEO를 중심으로 전사적인 영업혁신 문화를 만들어야 하고, 둘째, 영업관리자를 중심으로 영업조직의 전문화를 이루어야 한다. 그리고 이 모든 것은 '고객 중심의 영업'이라는 대전제를 바탕으로 영업조직 내에 프로세스로 정착시켜야 한다. 오늘날 기업 오너의 제1관심사이자 고민거리 1순위는 뭐니 뭐니 해도 '얼마나 잘 팔 수 있느냐'가 되어가고 있다. 그런데 현실은 서로 입을 맞춘 듯 올해의 경영목표를 '현상 유지'로 잡고 있다. 오죽하면 경영자들이 암중모색(暗中摸索 : 어둠 속에서 손을 더듬어 찾는다)이라는 표현까지 써가며 한 해를 맞이하려 했을까. 안쓰러운 마음이 드는 것도 사실이다.

하지만 오늘날의 기업 경영목표는 사실상 영업목표라 해도 무방할 만큼 영업조직의 역할이 중요해졌다. 기업은 이런 때일수록 '전문가 영업 경영'을 통해 위기를 극복해야 한다. 이런 점에서 다음의 기사는 우리에게 많은 시사점을 던져준다. "내년도 경제 상황에 대해 중소기업들은 53.0%가 올해보다 나빠질 것으로 응답해 부정적인 시각이 절반을 넘었다. 중소기업 업황 전망을 나타내는 중소기업건강도지수SBHI도 88.0으로 기준치(100) 미만을 기록, 내년도 업황이 올해보다 악화할 것으로 전망했다. 중소기업은 새해 우선 경영목표로 품질경영(72.7%)을 가장 많이 꼽았으며…(중략)" 이는 2012년 12월 17일 자 매일신문에 실린 내용이다.

이 내용은 정확히 7년 전 동일한 기관에서 2013년도 새해를 앞둔 시점에 중소기업 업황 전망을 밝힌 동일한 주제의 기사다. 당시 이 기사의 타이틀이 "중소기업 〈내년 경기 금융위기 후 최악〉"으로 되어 있는 걸 보면 이때의 상황도 지금과 별반 달라 보이지 않는다.

'전문가 영업 경영'이 중소기업을 살릴 수 있다

그런데 여기서 우리가 주목해야 할 것은 중소기업경기전망지

수SBHI와 경영목표다. 7년이 지난 오늘날의 기사와 비교해 본다면 중소기업경기전망지수SBHI는 '88.0'에서 '81.3'으로, 경영목표는 '품질경영(72.7%)'에서 '현상 유지(81.3%)'로 바뀌었음을 알 수 있다. 이때, 중소기업경기전망지수SBHI가 무려 6.7포인트가 떨어진 것도 문제지만 더 큰 문제는 경영목표를 '현상 유지'로 꼽았다는 점이다. 이는 사실상 경영목표가 없다는 말과 다를 바가 없다. 그래도 2013년에는 '품질경영'이라는 목표가 있었다. 그렇다면 이 시점에서 필자는 묻고 싶다. 만일 내년도 내후년도 중소기업경기전망지수SBHI가 더 악화될 경우 기업들은 경영목표를 어떻게 설정할 것인가? 설마 '도태 경영'이라고 말할 텐가? 당연 그리 되어선 안 될 것이다. 그렇다면 지금 이 시점에 중소기업에 가장 필요하고도 시급한 것은 무엇일까? 필자는 단연코 현장을 중심으로 한 '전문가 영업 경영'이라고 주장한다.

혹시 '슬로벌라이제이션Slowbalization'이란 말을 들어보았는가? '느림Slow'과 '세계화Globalization'의 합성어로 한때 세계 경제성장과 각국 통합을 촉진했던 세계화 시대와 달리 2008년 금융위기 이후 소득불평등, 저성장, 보호무역, 자국 우선주의 등이 고착화하면서 각국의 교역, 투자, 인력, 정보 교류가 눈에 띄게 감소한 현상을 말한다. 우리 식으로 표현하면 '세계화 후퇴' 정도로 해석할 수 있는데 최근까지 미국 대통령 도널드 트럼프가 '아메

리카 퍼스트'를 외치며 세계 각국과의 무역 마찰을 일으킨 것도 큰 영향을 미쳤다. 차기 대통령 조 바이든이 내정되어 트럼프 때와는 다른 기조가 될 거라 보는 시각도 있지만 커다란 세계 경제의 큰 흐름이 일시에 조정되기는 힘들 것으로 전문가들은 내다보고 있다. 문제는 이 슬로벌라이제이션이 국가별 양극화에 따라 각자도생을 불러일으켜 내수시장 쪽으로 기업을 몰아가고 있다는 것이다. 중국이 대표적인 케이스인데 그래도 내수시장이 비교적 탄탄한 중국과 달리 수출 주도형인 우리 중소기업들의 경우 이제 내수에서 자기 기반을 구축하지 못하게 되면 말 그대로 시장에서 도태할 가능성이 커졌다. 그렇다면 이러한 일촉즉발의 경영환경 속에서 우리의 중소기업들은 어디서 돌파구를 마련해야 할까?

2014년 세계적인 가구회사 이케아IKEA가 한국에 상륙했을 때 국내의 가구회사들은 모두 몰락할 것이라는 예견들이 많았다. 국내 가구업체들 입장에서 보면 말 그대로 암중모색의 상황이었다. 하지만 ㈜한샘이라는 우리의 토종기업이 보기 좋게 가구 공룡 이케아의 코를 납작하게 눌러버렸다. 그 성공 비결은 유통과 서비스 혁신 등 여러 가지로 볼 수 있지만 요약하면 "고객이 있는 현장을 최우선시한 전문가 영업 경영"에 있었다고 필자는 해석한다. ㈜한샘은 금융위기 이후 모두가 힘든 시절이었다고 말할 수 있는 그 시절 리하우스의 사업부 매출만 2011년 936억 원에서 2014년 2,127억 원까지 끌어올리는 기염을 토했다. 이를 가능케 한 것은 앞서 말했던 CEO를 중심으로 한 전사적인 영업혁신과 컨설턴트형 전문가 영업조직 구축에 있었고 이를 과감히 실행에 옮긴 데 있었다.

사실, 이 글을 처음 쓴 시점은 코로나19가 창궐하기 직전이 었다. 그런데 지금은 안타깝게도 많은 기업들이 암중모색의 중심에 서 있다. 그런데 더 놀라운 것은 이런 어려운 시기임에도 불구하고 미래를 위해 영업조직 전문화에 과감하게 투자하는 기업들이 있다는 것이다. 한마디로 도전적인 목표를 세우고 영업조직의 체질개선을 위해 안간힘을 쓰는 것이다. 마음으로부터 박수를 보내 드리고 싶다. 목표가 없는 조직은 나침반 없이 항해를 하는 선박과 다를 바가 없다. 거센 비바람과 풍랑 속에서도 용기를 내어 방향만 잃지 않는다면 시간은 다소 걸릴지라도 충분히 목적지에 다다를 수 있다. 하지만 '현상 유지'는 결코 목표가 될 수 없으며 오히려 기업을 깊은 수렁에 빠트릴 수 있음을 잊어선 안 된다. 이제 새롭게 펼쳐진 2021년을 향해 가고 있는 중소기업들에게 있어 '전문가 영업 경영'이 시급해 보이는 건 정말이지 필자만의 조급함일까?

05

기술력이냐 영업력이냐 그것이 문제로다

온탕 vs 냉탕

기술력 기반 위에 성장한 회사들은 대체적으로 R&D 부서의 자부심이 대단하다. 이런 회사들이 시장의 우위를 선점하면 대체적으로 공급자의 시각을 형성한다. 영업대표들 역시 자신감 있게 자사의 제품을 소개하며 시장과 고객을 리드해 갈 수 있다. 매출 걱정을 할 일이 거의 없고 영업과 R&D 간의 관계도 좋다. 반면에 기술력이 밀리면서 경쟁사가 시장과 고객을 선도하는 회사들의 경우에는 영업대표들이 다소 위축되어 있고 매출 달성에 늘 어려움을 느낀다. 영업과 R&D 간의 관계도 별로 좋지 않을 뿐더러 상시적인 갈등이 유지되는 곳도 많다. 공교롭게도 필자는 이와 같이 서로 다른 특성을 지닌 영업활동을 연이어 경험해 보았다. 마치 온탕에서 냉탕으로 옮겨간 느낌이었는데 전자는 삼성전자 내 주력 사업부 중 하나로서 모니터를 생산하는 디스플레이 영업부였고, 후자는 서버와 스토리지를 주력으로 하는 서버 영업부였다. 만들기만 하면 팔리는 경험을 해보신 분들이 계실지 모르겠다. 2천 년대 초반 필자의 디스플레이 영업부 시절의 이야기다. 국내에서 한창 PC방 열풍이 불기 시작하면서 전국적으로 수만 개의 PC방이 우후죽순 생겨나고 있었다. 브랜드를 중시하는 PC방 업주는 삼성 매직스테이션과 같은 완제품을 선호했지만 예산효율성을 중시하는 PC방 업주는 용산 전자상가와 같은 전국의 집단상가를 통해 PC본체와 주변기기를 따로따로 구매했다.

PC본체를 제외한 주변기기 즉, 모니터, ODD, HDD, 프린터 등을 정보기기라고 불렀는데 필자는 40여 명 남짓 된 삼성전자 내 정보기기팀 디스플레이 영업부 소속으로 수년간 그칠 줄 모르는 매출의 상향곡선을 경험한다. 이 자그마한 단일 조직에서만 연간 1조 2천억 원 규모의 매출을 올리는데 그중 가장 많은 매출 비중을 차지하는 제품이 싱크마스터, 샘트론과 같은 모니터였다. 어찌나 물건이 잘 팔렸던지 아침에는 수북하게 쌓인 견적서를 정리해 품의서를 작성하기 바빴고 오후가 되면 수원 공장에 내려가 물량을 챙기는 게 일이었다. 나중에는 수원 모니터 공장이 중국 텐진으로 이전을 하면서 우리 회사 공장임에도 불구하고 텐진까지 날아가 HP, IBM 등의 글로벌 OEM 벤더들과 물량확보 경쟁을 벌여야만 했던 일까지 발생했다. 수요를 공급이 못 따라가는 행복한 영업을 했던 것이었는데 이때에는 고객을 만나는 일보다 고객을 위해 물량을 챙겨주는 것이 필자의 가장 중요한 업무였다. 방금 전 이야기가 훈훈한 온탕에 관한 이야기였다면 지금부터는 냉탕에 관한 이야기다. 서버는 간단히 말해 개별 네트워크들을 하나로 묶어 감시하거나 제어하는 컴퓨터 하드웨어 시스템의 총칭이다. 보통 IT업계에서 솔루션 영업을 말할 때 서버나 스토리지 등을 언급하는 이유는 사업의 특성 자체가 고객의 환경에 맞게 커스터마이징을 해야 하기 때문이다. 그런데, 이쪽 사업 영역에서 삼성전자의 시장지위는 하위 그룹에 속해 있었다.

이가 아니면 잇몸으로

참고로 이 시장에서의 리딩 그룹은 IBM, HP, EMC 등이었는데 우선, 기술력에서 상당한 차이가 있었다. 예를 들어 삼성의 경우 대형 규모 이상의 하이엔드High-end 제품에서의 기술력이 부족했다. 그러다 보니 작은 규모의 로우엔드Low end 제품을 위주로 영업을 할 수밖에 없어 커스터마이징 영업을 하는 데 있어 한계가 있었다. 컴퓨터를 잘 만드는 회사였기에 서버 사업에서도 기대가 컸었지만 역시 시장은 만만치 않았다. 새로운 직판 시장을 뚫어보기 위해 신규 고객에게 만남을 청하기라도 하면 삼성전자라는 브랜드 때문에 필자를 만나주는 것이었지 제품이나 서비스 측면에선 썩 달가워하지 않았다. 그렇다면 이러한 시장 위치에서 영업대표들은 어떻게 영업을 해야 할까? 솔루션 영업의 장점은 고객이 원하는 것을 설사 자사가 보유하고 있지 못하더라도 아웃소싱Outsourcing이라는 방법을 통해 어느 정도는 커버가 가능하다는 데 있다. 가령, 고객이 필요로 하는 혹은 생각하지 못하는 소프트웨어나 하드웨어 공급업체를 외부에서 찾아 새롭게 구성해 공급하는 형태다. 필요하다면 특정 업체와의 MOU를 통해 오퍼링 프로그램을 구성한 다음 제공하는 것도 한 방법이다. 이가 아니면 잇몸이라는 말이 있듯이 영업은 현실을 받아들이고 부족한 부분만을 탓하기보단 할 수 있는 데까지 최선을 다하는 것이 맞다. 이때에는 공장에 가서 물량을 챙길 일이 거의 없었기 때문에 무조건 신규고객을 찾아 새로운 시장을 개척해야만 하는 게 필자의 가장 중요한 업무였다.

기술력과 판매력에 대한 착시

그럼 이제부터 중요한 이야기를 하고자 하니 잘 들어 보시길 바란다. 필자가 언급한 두 개의 스토리는 기술력과 영업력에 관한 이야기를 하기 위함이었다. 모든 영역에서 항상 그런 것은 아니지만 대체적으로 기술력이 평준화가 된 시장에서 경기가 위축될 때 R&D와 영업 간에는 불화가 생기기 마련이다. 간단히 말해 제품이 시원찮아서 팔기가 힘들다는 의견과 영업이 시원찮아서 제품이 빛을 못 본다는 의견의 대립이다. 누구의 말이 맞고 틀리고는 사실 중요하지 않다. 주목해야 할 것은 우리가 가진 기술력과 영업력에 대해 시장과 고객은 어떻게 평가하고 있는지 그리고 어떻게 대응해야 하는지에 대해 면밀히 살펴보는 것이다. 이해를 돕기 위해 한 장의 그림을 그려보았다.

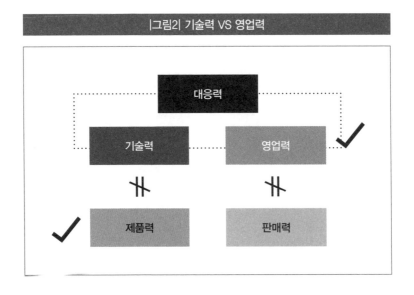

|그림2| 기술력 VS 영업력

어떠한 회사든지 간에 R&D 조직은 뭐 하나라도 자사의 기술력이 가장 우수하다고 말하고 싶어 한다. 그렇게 믿고 있는 경우도 많으며 그러한 믿음이 꼭 나쁜 것만도 아니다. 설사 시장을 선도하는 기업이 아니더라도 자사의 기술력을 폄하하는 경우를 보기란 쉽지 않다. 그런데 여기서 냉정하게 구분해 보아야 할 것이 하나 있다. 적어도 기술력은 시장과 고객이 원하는 제품력으로 인정을 받을 때만이 빛이 난다는 점이다. 세상에는 뛰어난 기술로 만들어졌으나 시장과 고객으로부터 외면당하는 제품이 많음을 항상 유념할 필요가 있다. 영업조직에서 올라오는 시장과 고객의 정보에 귀 기울이지 않는 R&D는 자신들이 보유한 기술력에 대해 좀 더 시장지향적으로 바라볼 필요가 있다.

다음은 영업력에 관한 것인데 여기서 질문을 하나 드리겠다. 필자가 디스플레이 영업부 시절 그 엄청난 매출달성에 기여할 수 있었던 것은 필자의 영업력 때문이었을까? 아니면 판매력 때문이었을까? 그렇다. 여기서는 판매력이라고 말하는 것이 맞다. 요약하면 판매력은 고객의 구매가 일어나는 바로 그 시점의 대응력이라고 이해하면 된다. 이때에는 오직 적기의 주문과 납품만이 존재할 뿐이다. 이를 영업에서는 오더 테이커Order-taker의 역량이라고 말한다. 그렇다면 영업력은 어떻게 정의할 수 있을까? 영업력이란 판매가 일어나는 시점을 포함한 판매 전후의 모든 영업활동을 의미한다. 그리고 이를 전문가 영업 영역에서는 컨설턴트Consultant적 역량이라고 말한다. 그러니까 필자의 디스플레이 영업시절의 에피소드는 필자가 영업을 잘해서가 아닌 기술과 시장이 만들어 준 판매력이었던 반면, 서버 영업부에서 부족한 기술력에도 불구하고 아웃소싱 능력을 통해 시장 및 고객과 소통하려 했던 시도들은 판매력이 아닌 영업력이었다고 말할 수 있는 것이다. 가장 바람직한 구조는 두말할 필요도 없이 제품력과 영업력이 조화를 이룬 형태다. 그런데 안타까운 것은 의외로 많은 기업들이 또 해당 영업조직들이 이 한 장의 그림을 머릿속에 그려 놓지 않은 채 자신들의 모습을 잘 객관화하지 않는다는 사실에 있다. 시장과 고객은 언제든지 변할 수 있으며 경쟁사는 차고 넘친다는 것을 항상 잊으면 안 된다. 필자가 경험한 두 영업조직도 불과 몇 년 후 얼마간의 시차를 두고 각각 축소 통폐합이 되고 아예 없어져 버린 사실만 봐도 알 수 있다.

고객과 시장이 원하는 제품력과 영업력이 중요

이제는 과거의 기술 중심적 사고만 가지고서는 빠르게 변해가는 시장과 고객을 만족시키기가 매우 어려운 환경이 되어 버렸다. 물론 시장을 파괴하는 혁신적 제품이 나와 준다면 영업하는 입장에서야 정말 좋겠지만 기술의 상향평준화가 이루어진 지금의 시장환경에서는 초격차를 유지하기가 말처럼 쉬운 일이 아니다. 그야말로 웬만한 기술력이 아니고서는 경쟁자들에 의해 너무나 빠르게 복제Copy가 되어버리기 때문이다. 실제 많은 비용과 시간을 투자해 애써 만든 신제품이 불과 6개월도 안 되어 경쟁사의 것과 비슷한 제품으로 취급되는 경우도 비일비재하다. 전문가 영업조직의 구축과 실행이 시급한 이유다. 결론적으로 기업은 자가당착과 착시에 빠진 기술력과 판매력으로부터 벗어나 시장과 고객이 원하는 제품력, 시장과 고객을 리드하는 영업력으로 조화를 이룰 때 지속가능한 성장과 발전을 기대할 수 있을 것이다.

06

특별 과외 I :
B2B영업전략 기초 세우기

B2B영업전략 수립을 위한 시장의 이해

대한민국에 소재한 법인사업자가 600만 개가 넘는다고 한다. 이를 업종별로 분류한다면 B2B비즈니스의 종류만 수십 개 이상이 될 것이다. 그만큼 B2B영업의 영역은 종류도 다양할뿐더러 영업의 방식도 천차만별이기에 전략을 수립하는 방법도 제각각일 수밖에 없다. 크게 보면 고객의 공식적인 요구인 RFP^{Request For Proposal}에 의해 전략을 세워야 하는 수주제안 입찰영업이 있는가 하면, 파트너십 계약이 맺어진 혹은 맺어져 있지 않은 고객 채널에 정기적·부정기적으로 제안하는 프로젝트 영업으로 나누어 볼 수 있을 것이다. 실제 영업현장은 진자보다 후사가 훨씬 더 다양하게 돌아가고 있는데 후자의 경우 자사와 업무협약을 맺은 유통 총판회사 즉, 대리점 관리 영업도 엄연히 B2B

영업에 속하며 흔히 직판 시장이라고 불리우는 개별 시장 내 위치한 고객사들은 전형적인 B2B영업군이라고 말할 수 있다.

그리고 제약영업과 같이 형식은 B2B영업이지만 실제 영업대표들이 상대하는 병원 내 의사들과의 관계성을 고려해 보면 이때에는 B2C영업에 가까운 B2B2C영업으로 채널을 보다 세분화하여 정리하는 것이 개념적으로 맞다. 이외에도 기술지원 업무에 영업 고유의 기능이 혼재되어 펼쳐지는 B2B기술영업, 한 회사 내에서 같은 제품을 놓고 브랜드가 아닌 벌크(Bulk 제품 : 정품과 동일하지만 일정한 형태로 개별 포장이 되어 있지 않은 제품) 형식으로 경쟁사에게도 판매하는 OEM영업이 있다. 이외에도 우리가 미처 알지 못하는 다양한 형태의 산업 내 B2B영업 종류들이 있을 수 있다.

이렇듯 복잡다단한 B2B영업의 종류를 다 알 필요는 없다. 그런데, 필자가 B2B영업을 본격적으로 체험하고 공부할 무렵만 해도 B2B영업전략에 관한 자료나 책도 별로 없었지만 겨우 찾아서 읽어볼라치면 세상엔 마치 단 하나의 B2B영업군만 있는 것처럼 전략에 관한 이야기를 뭉뚱그려 푼 경우가 많았다. 그러다 보니 해당 실무가 바뀔 때마다 업무에 적용하기가 어려웠던 기억이 난다. 더 안타까웠던 점은 책의 내용 대부분이 마케팅 전략 수립차원에서 나온 매크로Macro한 개념이 다수여서 개별 고객사를 대상으로 영업활동을 해야 하는 현장 영업대표들에겐 실질적이지 못한 경우가 많았다. 큰 틀은 다르지 않겠지만 마이크로Micro하게 들어가면 대형 고객사와 중소형 고객사가 다르고, IT 관련 고객사와 식품 유통회사가 분명 다르다. 아마 이 글을 읽는 독자 분들 중에서도 필자와 비슷한 생각을 한 분들이 계시지 않을까 싶다. 그래서 누군가가 "B2B영업전략을 잘 기획하려면 어떻게 해야 하나요?" 하고 물어올 때면 선뜻 대답하기가 어렵다. 그래서 기업영업 교육업무를 하는 지금의 직업에 감사하는 이유 중 하나가 그나마 개별 기업에 대한 전략 수립에 조금이나마 도움이 될 수 있도록 기여할 수 있어서다.

B2B영업전략의 기초

필자가 이렇듯 서론을 길게 푼 이유는 어떠한 경우에도 B2B 영업 전략을 세우는 데 있어 첫 번째 기초는 영업대표 자신이라는 점을 강조하고 싶어서다. 여기에 조금 있다가 설명할 추가적인 두 가지 핵심기초 사항만 얹어서 사용하면 웬만한 B2B영업 전략을 기획하는 데에 있어 어렵지 않게 접근해 들어갈 수 있을 것이다. 2012년 하버드 비즈니스리뷰에 의미 있는 분석 자료가 하나 게재되었다. 기업구매자의 업체선정 기준 1순위가 가격도, 품질도, 서비스도 아닌 영업대표의 역량과 스킬이라는 내용이었다. 바꿔 말해 영업대표 그 자체인 것이나 다름없었다. 필자의 오랜 경험으로 미루어 볼 때 이 역량과 스킬 속엔 지표상에 나타나지 않는 영업대표만의 인간적 끌림도 포함되어 있을 것이라고 확신한다. 그것은 필자가 직접 만난 수많은 기업체 대표들에게서도 확인할 수 있었는데 그들은 한결같이 다소 역량이 떨어져도 인간적인 신뢰감과 호감을 주는 영업대표에게 더 많은 영업기회를 주고 싶다고 말했다. 그렇다고 오해는 하지 말자. 역량이 떨어지는 영업대표를 원한다는 의미는 아니니까.

전략이란 결국 고객을 만족시키고 경쟁사를 이기는 자사의 차별화 방안이다. 그런데 만일 영업대표가 영업전략의 기초 그 자체가 될 수만 있다면 경쟁사보다 더 양질의 정보를 빠르게 취할 가능성이 높아져 결국 고객의 가려운 부분을 긁어주는 실효적인 영업전략을 수립할 수 있게 된다. 필자는 많은 영업대표들이 전략이라는 말만 들어도 다소 부담스러워하는 경향이 있음을 잘 알고 있다. 하지만 지금부터는 그렇게 생각하지 않았으면 한다. 승부처는 고객의 생각을 얼마나 정확히 파악해 분석해 가느냐에 있는 것이지 현란하게 만든 파워포인트나 엑셀 템플릿에 넣을(세일즈 서적에나 나오는) 문구로 고민할 문제가 아니기 때문이다. 다시 한번 강조하건대 영업전략은 고객의 머릿속에 혹은 마음속에 있는 인식을 기초로 한다. 그런데 그 인식이라는 것이

냉철하고 이성적이며 합리적인 것만으로 움직이는 것은 결코 아니다. 오히려 어떤 경우에는 해당 고객을 진심으로 위하는 마음, 고객의 성장과 성공을 위해 고민하고 또 고민하는 태도에서 고객의 마음을 더 크게 움직이기도 하기 때문이다. 바로 이러한 이성적·감성적 역량들이 종합적으로 모여 제안서와 프레젠테이션에서도 자연스럽게 경쟁력이 묻어나는 법이다.

고객의 니즈파악과 경쟁사의 역량분석

다음으로 앞서 언급했던 전략기획에 기초가 되는 매우 간단한 두 가지 핵심사항을 이야기하고자 한다. 그것은 바로 고객의 니즈 파악과 경쟁사의 역량 분석이다. 첫 번째, 고객의 니즈 파악을 위해 힘써야 할 것은 바로 핵심질문이다. 개인적으로 영업은 질문 비즈니스라고 여길 정도로 영업에 있어 질문은 너무나 중요하다. 그래서 질문의 질이 영업의 질을 결정하며 질문의 질을 높일 때 그 영업이 곧 전문가 영업이 된다고 봐도 과언은 아니다. 핵심질문은 크게 고객에게 해야 할 질문과 스스로에게 해야 할 질문 두 가지 종류가 있다. 그리고 고객에게 하는 질문은 우리의 판매 프로세스가 아닌 고객의 구매 프로세스를 기반으로 해야 한다는 사실 역시 유념해 두자.

(1) 고객에게 해야 할 핵심 질문

① 불만의 원인 파악 질문: 현재 해당 이슈에 대해 고객이 느끼는 불만이 무엇인지 그 불만의 강도와 긴급함의 정도는 어느 정도인지를 질문한다(고객 니즈 인식 단계).

② 솔루션 선정 기준 질문: 해당 제품이나 솔루션을 구매 고려 시 선정하는 기준과 고려하는 경쟁사는 어떤 곳들인지를 질문한다(비교 평가 단계).

③ 불안 및 후속조치에 관한 질문: 구매 전후 여전히 남아있는 불안 요소는 무엇인지, 납품완료 후 A/S 체계는 어떻게 하면 좋을지를 질문한다(구매 임박 전후 단계).

(2) 스스로에게 해야 할 핵심 질문

① 고객은 경쟁사가 아니라 왜 우리에게서 구매해야 하는가?
② 고객에게 우리의 메시지가 경쟁사들과 동일하게 취급되지 않으려면 어떻게 해야 하는가?
③ 우리의 제품과 솔루션은 고객의 문제를 어떻게 해결할 수 있는가?

요약하면 고객의 니즈를 파악하는 데에는 고객의 구매단계에서 반드시 놓치지 않아야 할 핵심 질문들과 사실에 근거한 자사에 대한 객관적인 자문이 동시에 수반되어야 한다. 다음으로는 경쟁사의 역량 분석이다. 이 경쟁사 역량 분석은 영업대표 스스로가 고객의 인식을 추정해 작성해 보는 것인데 간단하면서도 매우 유용한 툴이니 업무에 잘 활용해 보자.

|그림3| V자형 취약점(자사 vs 경쟁사 비교 분석)

고객의 결정 기준	자사	경쟁사
핵심적 ↑	강함 ↑	강함 ↑
부차적 ↓	약함 ↓	약함 ↓

자료 출처 : 세일즈 전략과 협상, 닐라컴

그림3에서 보는 바와 같이 한 장의 종이에 세 개의 척도를 그린다. 맨 왼쪽의 척도는 부차적인 것에서 핵심적인 것에 이르는 고객의 결정 기준을 나타낸다. 중앙의 척도는 각각의 결정 기준의 측면에서 자사의 제품을 고객의 눈으로 평가한 것이다. 마지막으로 맨 오른쪽에 있는 척도는 동일한 방식으로 경쟁사를 고

객의 눈으로 영업대표가 평가해 보는 것이다. 그런 다음 세 개의 척도에 있는 동일한 기준을 연결하는 선을 그리면 마무리가 된다. 이때 연결한 선이 바로 그림3의 '납기' 기준처럼 V자 형을 이루게 되면 자사는 경쟁사 대비 취약한 상태에 있는 것이며 바꿔 말해 경쟁사의 역량이 자사보다 확실한 우위에 있는 것을 확인할 수 있게 된다. 이러한 그림을 각 항목별로 선을 연결해 사용하면 자사의 약점을 보완하거나 극복하기 위한 전략적 선택을 고려하는 데 도움을 줄 수 있다. 항목별 그림들을 벽에다 붙여 놓고 자사와 경쟁사의 역량을 한눈에 직관적으로 확인해 가면서 영업전략을 기획해 보자. 매우 유용한 툴임을 느낄 수 있을 것이다. 이외에도 B2B영업전략을 기획하고 수립하는 데 점검해야 할 요소들은 몇 가지가 더 있다. 하지만 필자가 말한 핵심적인 세 가지 요소를 ① 영업대표 자신 ② 고객사 니즈 분석 ③ 경쟁사 역량 분석이라는 기본 골격으로 해서 세부 사항을 하나씩 둘씩 정성을 다해 점검해 나아간다면 경쟁사를 이기고 고객을 만족시키는 실효적인 B2B영업전략을 기획하는 데 큰 무리는 없을 것이다.

07

특별 과외 Ⅱ :
새로운 영업기회를 만드는 습관

영업의 막힌 혈을 뚫는 방법

음식을 먹다가 체한 경험들이 다들 있을 것이다. 웬만해선 약도 잘 안 듣는 경우도 있다. 이럴 때 필자는 바늘로 손을 따거나 좀 심하다 싶으면 발까지 딴다. 그러면 신기하게도 곧 트림이 나오면서 시원해지는 느낌이 든다. 이런 경우 보통 막힌 혈이 뚫렸다는 표현들을 쓰는데 영업에도 이와 같이 혈이 막히는 순간들이 있다. 국내외 경기는 물론 시장의 매기(買氣 : 상품을 사려는 분위기)가 죽어 이러지도 저러지도 못할 때 영업은 무엇을 해야 할까? 필자의 경우는 고객과 많은 시간을 보냈었다. 요즘은 코로나로 인해 줌Zoom을 켜놓고 영상 안에서 돌려가며 술을 마시는 웃픈 광경도 목격할 수 있다. 이렇게 어려운 상황에 영업이 할 수 있는 역할은 바로 고객과 함께 고민하는 일이다. 그것이 영업인으로서의 가장 바람직한 자세라고 생각된다. 이와 관련한 에피소드를 하나 소개하고자 한다.

　필자의 영업 초창기 시절 고객사 사장님들 몇 분과 함께 서로를 다독이며 술잔을 기울이다가 스트레스도 풀 겸 무도장을 함께 가게 되었다. 대형 무도장이었는데 가라오케 방만 수십 개가 족히 되는 규모가 꽤 큰 곳이었다. 모두가 술에 취해 몇 분은 자고 있고 한 분은 열심히 노래를 부르고 계셨다. 그런데 바로 그 때 필자의 눈에 들어온 것이 있었다. 방 안 벽면에 설치된 경쟁사의 PDP 제품이었는데 당시 출시된 제품들 중 가장 대형 제품이었던 걸로 기억한다. 필자는 화장실을 다녀오다가 다른 방들도 기웃기웃하며 설치된 제품들을 살펴보았다. 예상대로 그 많은 방들에 경쟁사 제품이 쫙 깔려 있음을 확인할 수 있었다. 순간 피가 거꾸로 솟는 듯한 느낌이 들며 머릿속에선 '이건 아닌데'라는 생각이 계속 맴돌았다.

　다음날 필자는 숙취가 채 해소되기도 전에 이 제품들이 어떤 경로를 통해 납품이 되었는지 곧바로 확인 작업에 들어갔다. 제품의 납품 경로를 역추적하기 시작한 것이다. 그런데 알고 보니 제조사에서 공급받아 최종 납품을 한 판매처는 놀랍게도 종로구 낙원상가 내에 위치한 한 악기 상점이었다. 수소문해 찾아가 공급업체 사장님께 인사를 드리고 명함을 건넸다. 그런데 필자의 명함을 받은 사장님의 반응이 어째 영 시큰둥했다. 이유인즉 과거에 삼성전자 제품을 받아보려고 문의를 하셨는데 냉담한 반응에 기분이 상했다는 것이다. 필자가 대신 사과하며 어떻게 경쟁사의 PDP가 이곳을 통해 납품되었는지 자초지종을 여쭈었다. 그때 새로운 정보들을 접하게 되었는데 사장님은 이곳 낙원상가에서만 십수 년 이상을 일해오신 터줏대감으로 전국 교회나 노래방, 술집 등에 각종 연주기와 영상기기들을 패키지 형태로 묶어 턴키(Turn-key : 일괄 수주 계약방식)로 공급을 하고 있다는 것이었다. 말만 악기상점이었지 연간 매출액이 수십억에 달하는 중형급 유통업체였다. 사장님께서 말씀하시기를 그간 많은 회사의 영업대표들이 이곳에 찾아오곤 했는데 삼성전자 영업대표가 직접 찾아온 건 필자가 처음이라고 했다. 순간 왠지 모를 미안함과 반가움이 올라오면서 이분을 꼭 내 편으로 만들고 싶다는 생각이 들었다.

그날 이후 퇴근할 때마다 이곳에 들렀다. 사장님과의 교류 증진의 목적이 제일 컸지만 평소 음악을 좋아하던 필자는 당시 악기에도 관심이 많아 일석이조였다. 서먹시먹했던 사상님과의 관계도 조금씩 풀려가는 느낌이 들 무렵 사장님께서는 이제부턴 삼성전자의 PDP도 공급받고 싶다는 뜻을 내게 넌지시 비쳐

주셨다. 너무나 기뻤다. 다음날 바로 내부 품의를 진행하고 관리하는 대리점을 통해 공급계약을 맺은 후 1주일여 만에 제품을 출하시켰다. 이렇게 하니 여러모로 좋았다. 매출 걱정에 고민이 많으셨던 고객사 대리점 사장님께는 새로운 매출 채널을 연결시켜 드릴 수 있어 좋았고, 악기 상점 사장님 역시 바라시던 삼성과의 거래 관계도 트게 되면서 제품 라인업의 확장을 가질 수 있게 되었기 때문이다. 하지만 누구보다 최고의 수혜자는 바로 필자였다. 고객사의 만족과 영업 실적 향상은 물론 B2B영업에 있어 시장의 경로를 파악한다는 것이 얼마나 중요한 것인가를 새롭게 깨달을 수 있었기 때문이다. 이후로도 필자는 성공적인 낙원상가 PDP 납품 프로젝트를 계기로 신규 시장이나 거래처를 발굴할 때마다 제품의 최종 경로가 어떻게 되는지를 살펴보고 직접 확인하는 습관이 생겨났다.

최종 경로로부터 역추적하기

이런 습관이 몸에 배어 영업활동을 하게 되면 여러모로 장점이 많다. 우선 영업의 혈이 막혔을 때 새로운 영업기회를 발견할 수도 있고 창의적인 영업 아이디어들을 수집해 차별적인 전략 제안을 만들 수도 있기 때문이다. 여기에 더해 시장 내에서 경쟁사의 영역을 윈백(Winback : 경쟁사의 영역을 자사로 편입하기)함으로

써 자사의 영역을 확장시키는 효과까지 거두게 된다. 이것은 영업조직과 영업대표들에게는 대단히 중요한 의미를 갖는다. 하나의 프로젝트로만 보면 미미하지만 영업조직 내 영업대표들 하나하나가 이러한 마인드를 가지고 영업활동을 하게 되면 그 누적효과가 실로 엄청난 파급효과를 불러일으킬 수 있기 때문이다. 이와 관련해 한국 IBM 대표를 역임하신 이장석 작가의 저서 『세일즈 마스터』에 공감이 되는 글이 있어 인용해 본다. "B2B영업은 고객을 찾아가면서 시작된다. 이것이 B2B영업이 복잡하고 어려운 이유이다. (중략) 제품, 비즈니스 속성, 고객, 산업, 지역, 자사 역량, 시장 지배구조에 따라 고객접근 경로가 달라져야 한다. (중략) B2B영업이 복잡하고 원하는 만큼 성과를 내기 힘든 것은 시장접근 경로에 대한 이해가 부족하기 때문인데, 이것을 간과하는 회사가 너무도 많은 것이 문제다."

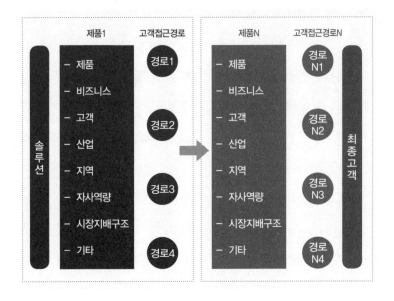

|그림4| B2B 제품 경로(솔루션 to 최종고객)

그림4에서 보는 바와 같이 영업에서 공급하는 개별 제품과 솔루션은 제품 라인업에 따라 다양한 경로를 통해 일종의 함수처럼 최종 고객에게 공급됨을 알 수 있다. 영업은 고객과 시장을 머리로만 이해하는 것에 그치지 않고 실제 제품이 출하된 다양한 최종고객End-user을 파악하고 역추적해 가면서 시장과 고객에 대한 이해가 깊어진다. 만일 여러분의 영업에 혈이 막혀있다면 필자의 노하우를 직접 활용해 보시길 바란다.

08

고(故) 김우중 회장으로부터 배우는 '전문가 영업' 정신

전문가 영업은 개척자 정신의 다른 이름

90년대 초 대학시절 친한 친구가 장기간 병원에 입원해 있을 때 친구에게 용기를 주고자 선물했던 생애 첫 번째 책이 바로 고 김우중 회장의 『세상은 넓고 할 일은 많다』였다. 이 책은 그야말로 불굴의 글로벌 개척 세일즈 신화를 이룩한 그의 업적을 여실히 보여주었고 당시 많은 사람들에게 큰 도전과 자극을 주기에 충분했다. 그런 그가 2019년 12월 9일 향년 83세의 나이로 세상을 달리했다. 그 누구보다 명과 암이 분명한 삶을 살다가셨기에 그에 대한 평가가 분분하다. 그렇지만 대체적으로 많은 사람들이 그의 업적에 대해 긍정적인 평가를 내리고 있는 듯하다. 왜 그럴까? 그것은 그가 실패를 두려워하지 않고 끊임없이 도전했던 개척자의 삶 그 자체였기 때문인데 오늘날의 경영

환경에서도 꼭 필요한 자세이기 때문으로 풀이된다. 말 그대로 거친 땅을 일구어 쓸모 있는 땅으로 만드는 것이다. 거기에는 필연적으로 두려움과 위험, 엄청난 수고가 따른다. 그렇기에 많은 사람들이 생각만 하고 정작 행동으로 옮겨가지 못한다. 하지만 그는 말한다. "역사는 개척하는 자들의 발걸음에 의해 조금씩 조금씩 전진해 왔다."라고. 사람들은 바로 그의 개척자 정신과 실행의 삶에 존경과 박수를 보내는 것이다.

필자는 고(故) 김우중 회장이야말로 '한국식 전문가 영업'의 표상이라고 생각한다. 당시의 사업 여건은 기술 수준은 물론 자본과 판로 모든 부문에서 세계에 비해 열세에 있었다. 유일한 대안은 차입을 통해서라도 무역으로 승부를 내야만 했다. 그것이 바로 '세계경영'이었으며 그 중심엔 '전문가 영업'이라는 엔진이 있었다. '전문가 영업'은 기본적으로 시장을 개척하는 기업가 정신을 바탕으로 한다. '전문가 영업'은 고객의 필요를 찾아 문제를 해결해 준다. 궁극적으로 '전문가 영업'은 고객에게 신뢰와 믿음을 안겨다 준다. 고객은 결코 호락호락하지 않다. 아시아 변방의 작은 나라에서 온 한 영업대표에게 수백, 수천만 달러의 구매계약을 쉽게 허락해 줄 리 있었겠는가? 신뢰와 믿음을 주는 김우중 식 '전문가 영업'을 펼쳤기에 비로소 가능했던 것이다. 물론 무리한 외형 확장 중심의 경영이 IMF라는 악재를 만나 몰락의 길을 걸었고 그로 인해 그의 업적이 상당 부분 폄하된 측면이 있음을 잘 안다. 그럼에도 불구하고 오늘날의 많은 경영인들이, 또 전문가들이 그의 개척자 정신을 다시금 계승해야 한다고 외치는 이유는 오늘날의 경영환경에서 찾아볼 수 있을 것이다.

수축 사회로 대변되는 오늘날의 암울한 경제환경 속에서 많은 기업들이 갈피를 잡지 못한 채 이리저리 눈치만 보고 있는 형국이다. 여기에는 대기업, 중소기업이 따로 없는 듯하다. 몇몇 기업들을 제외하고 거의 대부분의 기업들이 불확실성의 두려움과 불안 앞에 떨고만 있을 뿐 위험을 감수하고 도전하려는 자세가 보이지 않는다. 세계적인 PR 회사 에델만 그룹의 에델만 회장은 다음과 같은 말을 했다. "이제는 기업이 국가 평판을 좌우합니다. 한국 기업은 이제 사회적으로 신뢰를 얻기 위한 노력을 더 기울여야 합니다. 기업가 정신과 도전정신을 확산시켜야 합니다." 또한 프랑스를 대표하는 글로벌 시장조사기관 입소스의 창업주 디디에 트루쇼 회장은 이렇게 말했다. "요즘 소비자는 능동적 시민으로서 제품은 물론 평판도 함께 구매합니다. 오늘날의 소비자는 기업의 평판을 무척 중요시합니다." 이들의 메시지들은 오늘날 기업들에게 시사하는 바가 크다. 필자는 이를 신뢰와 믿음을 주는 기업가 정신 곧 '전문가 영업'을 펼치라는 의미로 해석한다. 유념해야 할 것은 과거의 김우중 식 '전문가 영업'이 외형 중심의 시장 MS 확대에 중점을 두었다면 21세기 '전문가 영업'은 시장 MS를 넘어 고객에 대한 신뢰 MS, 평판 MS까지 함께 고려해야 한다는 점이다.

고(故) 김우중 회장이 물려준 유산

지금 세계는 끝이 보이지 않는 바이러스의 위협과 한 치 앞을 내다볼 수 없는 무한 경쟁의 그늘 아래 놓여 있다. 이는 별이변이 없는 한 앞으로도 지속될 것이다. 또한 기술의 평준화는 '잘 만드는 것' 못지않게 '잘 파는 것'에 더욱 집중할 것을 요구하고 있다. 하지만 우리의 기업들은 인식하고 있는 것만큼 행동으로는 잘 이어지지 못하는 듯하다. 필자는 지금 우리 기업에게 있어 가장 필요한 것은 보다 잘 팔기 위한 '전문가 영업' 조직을 구축하고 실행하는 데 있다고 믿는다. 이것이야말로 위기 극복을 위한 가장 현실적이고도 실효적인 돌파구라고 생각하기 때문이다. R&D와 품질, 생산의 경쟁력은 이미 기본이 된 지 오래다. 이제는 '전문가 영업'이 주도하는 혁신을 통해 고객에게 잘 팔 수 있도록 해야 한다. 동시에 고객의 마음 즉 좋은 평판까지도 확보해야 한다. 그래야 승산이 있고 미래가 있다. 마지막으로 우리가 고(故) 김우중 회장으로부터 물려받아야 할 유산은 무엇인가? 그것은 바로 불굴의 도전정신으로 시장을 개척하는 승부사 DNA가 아니겠는가? 이를 '전문가 영업'으로 이식하고 실행하는 기업만이 불확실한 시장에서 지속 가능한 승자가 될 것이다.

B2B,
'찐'영업으로
승부하라!

SALES EXPERT ORGANIZATION

2막

고객이 의지하는
전문가 영업대표로 거듭나기

B2B 전문가 영업 역량 강화(영업대표 편)

09

당신의 영업이
어려운 이유

영업성공의 본질

어떤 분야든지 간에 영업성공의 본질은 같다. 그것은 고객의 기대 그 이상을 충족시켜주는 것이다. 요즘은 오프라인 매장에서도 말을 걸지 않는 침묵 서비스 등 언택트 세일즈가 젊은 세대를 중심으로 일반화되었다. 하지만 과거에도 능숙한 셀러들은 이와 유사한 고객 응대 전략을 이미 펼치고 있었다. 가령, 어떤 손님이 코트를 하나 장만하고자 백화점에 들렀다고 했을 때 그(녀)는 분명 자신만의 구매 기준을 어느 정도는 설정하고 입장했을 것이다. - 구매 비용이나 스타일에 구애받지 않는 예외도 있겠지만 - 하지만 점원은 그러한 손님의 구매 기준을 알 턱이 없다. 이때 능숙한 점원은 손님에게 아무것도 묻지 않는다. 그저 손님이 특정 상품을 가리키며 물어올 때까지 손님의 겉모습과 표정만을 근거리에서 무심히 관찰할 뿐이다. 마침내 손님이 특정 상품을 가리켰을 때 능숙한 점원은 고객의 취향과 연관성이 높은 상품의 라인업이 전광석화처럼 머릿속에 떠오른다. 이어 손님의 말투, 제스처 하나하나에서 손님의 취향과 심지어 구매가능성 높은 가격대까지 몇 가지 경우의 수로 압축이 된다.

B2C는 눈치, B2B는 진단

이때 어떤 손님은 자신의 취향을 적극적으로 어필하기도 하지만 또 어떤 손님은 마음속으로 점원이 다가와 코트에 잘 어울리는 다른 옵션들을 제안해 주길 바란다. 여기에서 필요로 하는 점원의 핵심역량은 일명 '눈치'다. 그리고 여기서 말하는 눈치란 손님의 마음을 재빠르게 알아차리는 일종의 통찰력이기도 하다. 그렇다면 점원의 통찰은 어디로부터 나오는 것일까? 그 첫 번째는 자사 상품에 대한 깊이 있는 학습이다. 제품에 대한 학습이 철저한 점원의 경우엔 고객의 취향에 대해 다양한 의견을 줄 수 있는 옵션들 즉, 상품 솔루션이 있다. 상품 솔루션이 있는 이들은 단순하게 손님이 원하는 가격대나 디자인만을 무미건조하게 묻지 않는다. 둘째는 고객에 대한 관심이다. 비록 짧은 시간이지만 손님의 신체 사이즈부터 시작해 오감으로 전달되어 오는 모든 정보에 민감하다. 그리고 최대한 집중한다.

이때 손님들은 물건을 구매하기도 전에 이미 자신이 존중받고 있다는 느낌을 받는다. - 부담스러워하는 고객을 제외하고 - 요약하면 제품과 고객에 대한 학습과 관심이라고 말할 수 있다.

　기본적으로 이러한 원리는 B2B에서도 그대로 작동된다. 차이점이 있다면 백화점 사례에서와 달리 B2B에서는 고객에 대한 사전학습이 가능하다는 점이고 고객사 내부에 의사결정에 관여하는 인플루언서(Influencer : 구매에 영향을 미치는 관계자들)가 다양하다는 점이다. 그래서 B2B에서 요구되는 역량은 '눈치'보다 '진단'에 있다. 그리고 이때의 진단은 주로 고객사 전반에 관한 이슈들에 대한 관심과 학습으로 이루어진다. 만일 지금 당신의 영업이 어렵다고 느껴진다면 고객사의 모든 활동영역과 학습영역에 대해 다시 한번 점검할 필요가 있다. 영업이라는 직종이 어려운 일임을 필자도 잘 알지만 어려운 이유를 단순히 갑을 관계의 입장차이만으로 해석하지 않았으면 한다. 사실, 우리는 항상 을의 입장으로만 혹은 갑의 입장으로만 살아가진 않는다. 또한 입장과 역할은 상황에 따라 미세하게 바뀌기도 한다. 예를 들어 아주 귀한 물건을 보유한 셀러가 있다고 쳤을 때 그 물건을 간절히 구하고자 하는 바이어는 사실상 을의 입장에 가깝다고 보아야 할 것이다. 가격 협상권에 있어 셀러가 우위에 서 있기 때문이다. 그렇지만 이것만은 기억해두자. 귀한 물건에 해당하는 것이 반드시 제품에만 국한되는 것이 아님을.

당신의 영업이 보다 쉬워지는 방법

이와 관련하여 이해를 돕기 위해 필자가 직접 느끼고 체험했던 각기 다른 두 개의 가벼운 에피소드를 나누고자 한다. 하지만 메시지는 결코 가볍지 않으니 지금부터 잘 들어주셨으면 한다. 첫 번째는 과거 필자의 애청 프로그램이었던 시트콤 '지붕 뚫고 하이킥'에 나왔던 '이순재 고사' 편에 관한 것이다. 극중에서 이순재 씨는 집안의 가장 큰 어른으로서 평소 자신에 대한 가족들의 무관심에 깊은 실망을 한다. 이에 그는 한 집안에 사는 모든 식구들을 대상으로 자신을 주제로 한 시험을 치를 것을 선포하게 되는데 이것이 이순재 시험 곧 '이순재 고사'다. 심지어 자신의 자서전까지 나눠주며 공부를 하라고 명령까지 내린다. 집안 내 경제권을 쥐고 있는 이순재 씨는 집안의 강력한 권력자 즉 갑의 입장에 서 있는 것이다. 힘없는 가족들은 툴툴거리면서도 저마다 자신감을 내비치며 열심히 공부를 한다. 그리고 드디어 결전의 날 시험을 치르고 결과가 발표된다. 과연 누가 1등을 차지했을까? 놀랍게도 1등은 실제 가족이 아닌 극중 가정부 역할로 나온 세경(배우 신세경)이 차지하게 된다. 그리고 1등 상금으로 50만 원을 타는 기쁨도 누린다. 극중에서 세경은 가정부로서 자신의 맡은 바 소임에도 충실하지만 가족들에 대한 관심을 바탕으로 이순재 씨의 거의 모든 기호를 가장 잘 파악하고 있었기에 가능했던 일이다. 이 에피소드에서 주는 교훈은 무엇인가? 그것은 "갑의 마음을 얻고자 하거든 갑을 알라"는 것이다. 결국 평소 갑에 대한 관심과 철저한 학습이 얼마나 중요한지를 보여주고 있는 것이다. 극중에서 세경이 없으면 가족들은 아무 일도 제대로 할 수가 없다. 세경이야말로 진정한 슈퍼을인 셈이다.

또 하나의 에피소드는 필자가 직접 겪은 내용을 바탕으로 한다. 필자의 직업이 강의를 하는 일이다 보니 강의 섭외 관련 문의 전화를 자주 받는다. 이때 전화를 주는 교육담당자의 유형을 크게 둘로 나누어 볼 수 있다. 각각의 유형을 스크립트로 구성해 보았다.

먼저 A타입이다.

> "안녕하세요. 저는 ○○기업에서 교육담당을 맡고 있는 ○○○입니다. 저희가 B2B영업교육 관련해서 강의 섭외를 드리려고 하는데요, ○월 ○일 강의 가능하신가요?"

다음은 B타입이다.

"안녕하세요. 저는 ○○기업에서 교육담당을 맡고 있는 ○○○입니다. 박주민 대표님 맞으시죠? 저희가 평소 대표님의 강의 관련 유튜브 영상과 블로그 글들을 보면서 면밀히 검토를 해봤는데요. 저희가 진행하고자 하는 교육 프로그램과 잘 매칭이 되는 것 같아 강의 섭외를 의뢰하고자 이렇게 전화를 드리게 되었습니다. 혹시 ○월 ○일 강의가 가능하신지요?"

여러분들은 A타입과 B타입 중 어떤 구성이 더 마음에 드는가? 아마도 정상적인 분들이라면 B타입에 더 마음이 끌렸을 것이다. 왜일까? B타입의 경우 A타입보다 의뢰 대상자에 대한 사전 학습이 상세하게 이루어지면서 정성이 느껴졌기 때문이다. 결국, 두 번째 에피소드에서도 첫 번째 에피소드에서와 마찬가지로 대상자에 대한 관심과 사전 학습이 수반이 되었기에 필자의 마음을 더욱 크게 움직일 수 있었던 것이다.

특히, 두 번째 에피소드에는 단순하지만 매우 중요한 영업적 통찰이 담겨있다. 그것은 고객의 입장에서 고객이 영업대표를 만나야 할 이유를 분명하게 제시해 줬다는 점이다. 하시만 보동의 일반적인 영업대표들은 그 반대로 접근한다. 즉, 자신의 입장에서 고객을 만나야 할 이유를 제시해 접근하는 것이다. 이 차이가 영업을 쉽게 만들기도, 혹은 어렵게 만들기도 하는 결정적인 이유다. 전체적으로 이 장을 요약하면 다음과 같다. 첫째, 고객을 공부하라. 둘째, 고객이 나를 만나야 할 이유를 제시하라.

10

시장과 고객이 원하는
전문가로 거듭나라

영업에 대한 잘못된 인식

지금도 그런 경향이 없는 건 아니겠지만 필자가 사회생활을 막 시작한 90년대 중후반 무렵만 해도 영업 직종에 대한 인식이 썩 좋았다고 볼 수만은 없었다. 가령, 대학을 졸업하고 누군가가 직장에 들어갔을 경우 보통 첫 번째로 질문해 오는 것은 "회사에선 어떤 일 해?", "어느 부서에 있어?"이다. 이때 "경영기획실에 있어.", "전략기획팀에서 일해."라고 말하면 대체적인 반응이 "와~"인데 반해 "응, 영업해.", "영업부서에서 근무해."라고 말하면 대체적으로 "아~" 하며 말끝을 흐리는 경우를 볼수가 있었다. 뭔가 안됐다는 느낌이랄까. 많이들 공감하시겠지만 특히 우리나라 사람들의 정서상 영업이란 직종은 주로 B2C 업종에서 갑을 상대로 을이 비위를 맞추는 직업 혹은 갑의 강압적 요구에 어쩔 수 없이 끌려가는 힘든 일 등 대체적으로 부정적인 면들이 각인되어 있다고 볼 수 있다.

그렇다면 왜 이러한 부정적인 시선들이 생겨난 것일까? 필자가 생각하기엔 특히, 한국사회에서 유교적 입신양명을 추구하는 분야들이 주로 학습하고 생각하고 기획하는 즉, 머리를 많이 쓰는 직종들을 더 쳐주었기 때문이 아닐까 싶다. 바꾸어 말하면 영업과 같은 직종은 기획의 기능보다는 왠지 모르게 정신승리를 요구하는 영역 정도로 생각하는 편견들이 작용했을 수 있다는 얘기다. 일찍이 미국과 유럽의 경우에도 영업과 마케팅이 막 발달하기 시작한 초창기엔 우리와 비슷하게 부정적인 인식들이 많았다고 하니 일견 이해가 안 가는 것도 아니다. 하지만, 그 후 서양권에서의 영업 분야는 마케팅과 더불어 다양한 기관에서 많은 연구와 조사들이 이루어지면서 상당한 수준의 전문 영역으로 자리매김을 한 지 오래다. 우리나라의 서점가에서도 쉽게 찾아볼 수 있는 – 주로 B2C분야에서 세계적인 세일즈 전문가들로 인정받는 – 지그 지글러나 브라이언 트레이시의 책을 단 한 번이라도 읽어 보신 분들이라면 필자의 말에 공감이 되실 것이다.

학습하고 생각하고 기획하는 컨설팅 영업

문제는 우리나라의 B2B영역이다. 일단, B2C의 영역은 차치하더라도 B2B영역에서의 문제는 사실상 더 심각했다고 볼 수 있다. 기업영업의 특성상 B2B는 B2C와는 상당히 다른 차원의 전략적 접근을 요구하는 전문 분야임에도 불구하고 B2C영업 방식을 그대로 B2B영역에 적용하여 운용하는 경우가 많았다. 그것도 검증도 안 된 주먹구구식 B2C영업 방식을 말이다. 그러다보니 우리나라엔 유독 각 지역마다, 업종마다, 회사마다 기준도 없는 온갖 영업의 신들이, 달인들이, 대가들이 난무한다. 얼마 전 국내 탑 레벨의 교육기업에서 오랜 세월 경영진으로 활동하고 계시는 분과 이야기를 나눈 적이 있었다. 예전부터 기업들을 대상으로 B2B분야의 영업전문가를 육성하고자 외국에서 비싼 영업교육 프로그램을 사들여와 교육도 시켜보았지만 모두가 허사였다고 했다.

이유를 들어보니 첫째, 제조 기반에서 성장한 국내 기업들이 B2B영업교육의 필요성을 잘 인식하지 못했고, 둘째, 교육에서 다루어지는 사례가 국내 기업들에게 잘 공감을 사지 못했으며 셋째, 이 부분이 제일 큰 이유였는데 교육강사들 대부분이 영업 실무조차 제대로 경험해 보지 못한 경우가 많아 영업교육의 특성상 교육생들의 불만이 매우 컸다는 것이다. 그 결과로 우리나라 기업들의 경우 최근 20여 년 동안만 놓고 봐도 영업부문이 타 부문들 가령, 제조, 생산, 마케팅, 재무영역들과 비교했을 때 상대적으로 혁신도 덜 이루어졌고 전문성도 많이 떨어진다고 그는 진단했다.

그런데, 최근 기업 경영의 패러다임이 제조 생산중심에서 영업 마케팅 중심으로 무게추가 옮겨지기 시작하면서 B2B분야 전문가 영업대표의 육성이 점점 더 중요한 과제로 조명되고 있다. 여기서 우리가 주목해 보아야 할 점은 앞으로 시장과 고객으로부터 인정받고 살아남을 수 있는 영업대표는 앞서 얘기했던 학습하고 생각하고 기획하는 유형뿐이라는 것이다.

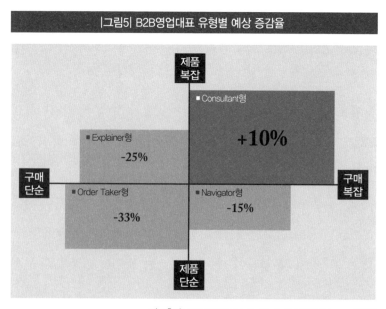

|그림5| B2B영업대표 유형별 예상 증감율

자료출처: Forrester Research. Death of A B2B Salesman(2015)

그림5는 이를 잘 보여주고 있는데 미국의 리서치 회사 포레스터가 2020년 B2B시장을 전망하면서 발표한 자료로서 시장에서 사라지는 영업대표와 살아남을 수 있는 영업대표를 4가지 유형으로 구분하여 설명하고 있다. 간단히 설명을 하면 단순 견적에 의한 주문처리나 정보 제공, 관리업무에 해당하는 오더 테이커, 익스플레이너, 내비게이터 유형의 영업대표들은 최소 15%에서 최대 33%까지 사라지게 되고 유일하게 자문형 서비스를 하는 컨설턴트 유형만이 10% 이상 늘어난다는 얘기다. 여기서 말하는 컨설턴트 유형의 영업대표가 곧 전문가 영업인을 의미한다. 즉, 오늘날의 기업고객들은 "우리들에게 새로운 깨우침을 달라."고 요구하고 있고 영업대표들은 고객의 구매과정에서 발생하는 여러 문제들에 대해 솔루션 제공은 물론 고객의 인식을 확장시키는 새로운 관점 즉, 통찰까지 제시해 주기를 바란다는 것이다. 여러모로 학습하고 생각하고 기획하는 역량 없이는 해결할 수 없는 전문가의 영역인 것이다.

시장과 고객이 원하는 영업이란

그럼 이즈음에서 혹자는 이런 문제 제기를 할 수가 있다. 우리는 제품 및 비즈니스 유형 자체가 단순한데 "도대체 무슨 솔루션과 통찰을 제시하라는 말입니까?"라고. 화장품 OEM/

ODM 영업을 예로 해서 한번 설명을 해보겠다. 화장품 OEM/ ODM 영업은 말 그대로 브랜드사(로레알, 아모레 퍼시픽 등)에게 그들의 요구에 맞추어 화장품을 제조해 납품하는 비즈니스다. 언뜻 보면 고객 구매 결정의 기준이 오로지 가격과 제품에 국한된 단순한 영역으로만 보인다. 그렇지만 조금만 고민을 더 해보면 타 경쟁사와 분명 차별화시킬 수 있는 영업대표만의 새로운 관점을 기획해 볼 수가 있다. 최근 화장품의 글로벌 이슈는 원료 니즈에서 친환경, 고령화, 면역성 니즈에 이르기까지 참으로 다양하다. 이러한 흐름은 필자 같은 화장품 문외한도 인터넷을 통해 단 5분만 검색을 하면 알 수가 있는 정보다. 그렇다면 해당 화장품 OEM/ODM 영업대표라면 이러한 이슈에 관한 각종 논문을 비롯하여 자료 등을 찾는 건 그리 어려운 문제는 아닐 터. 이를 분석하고 요약해 자신만의 견해를 담아 간단한 리포트를 작성해 고객에게 보내준다면 과연 고객은 어떠한 반응을 보일까? 그리고 이러한 활동을 한두 번에 그치지 않고 꾸준하게 리포트하고 브리핑까지 할 수 있다면 고객의 사고에 변화가 일어나지 않는 게 더 이상한 일이 아닐까?

잠시 고객의 입장이 되어 생각해보자. 동일한 제품을 제안하는 영업대표 A, B, C가 있을 경우 항상 똑같은 얘기만 하고 고객의 가격 인하 요구에 충성을 다해 단가만 맞추려 하며 제품의

하자에 자사의 공장 탓만 하는 영업대표들이 대부분일 때 당신만이 이와 같은 자문형 영업활동을 한다면 - 기본적인 업무 영역을 도외시한다는 의미가 결코 아니다 - 고객은 과연 어떤 영업대표의 손을 들어줄까? 적어도 포레스터사의 리포트는 이와 같은 유형의 영업대표들만이 시장과 고객으로부터 인정받고 살아남을 것을 단적으로 보여주고 있는 것이다. 이럴 경우 해당 영업대표는 단순한 화장품 판매 영업대표가 아닌 코스메틱 컨설턴트로서의 전문성을 인정받게 되는 것이다. 지금이야말로 시장과 고객이 원하는 전문가 영업대표로 거듭날 때가 아니겠는가?

11

시장과 고객의 인식을 바꾸는 게임 체인저

위대한 게임 체인저 이순신 장군

게임 체인저Game changer란 어떤 일에서 결과나 흐름의 판도를 뒤바꿔 놓을 만한 중요한 역할을 한 인물이나 사건, 제품 등을 이르는 말이다. 그리고 그것의 결과는 영업에서 종종 시장과 고객의 인식을 바꾸는 것으로 나타난다. 관련해 먼저 전쟁 이야기를 잠깐 하고자 한다. 전쟁에서 승리의 확률을 높이는 방법에는 크게 두 가지가 있다. 하나는 승리할 가능성이 없는 전쟁을 하지 않는 것이고 나머지 하나는 자신의 방식으로 상대를 끌어들여 승리를 취하는 것이다. 이른바 싸움의 판과 룰을 바꾸어 이기는 것을 말한다. 이에 관한 이야기에 가장 잘 어울리는 위대한 분을 먼저 소개하고자 한다. 바로 이순신 장군이다. 이순신 장군은 원균이 칠천량 해전에서 완패한 후 남은 전선 13척을 이끌고 일본 수군 133척을 물리쳐 명량 해전을 승리로 이끈 것으로 유명하다. 그런데 원래 일본군이 이끌고 온 함선의 총수는 300척이었으며 전투 배치를 한 함선이 133척이었고 이 중 실제로 치열한 해전을 벌인 전함은 31척에 불과했다고 한다. 그러니까 이순신 함대는 유리한 지형조건을 이용하여 13:31로 싸워 승리를 거둔 것이다.

그런데 이 명량대첩의 임팩트가 너무나 큰 나머지 이순신 장군은 늘 병력의 열세를 극복하고 23전 전승을 한 것으로 많은 사람들이 알고 있는데 실은 그렇지가 않다. 오히려 명량대첩을 제외한 나머지 해전에서의 실제 전투는 언제나 우리 측 전함의 수가 일본 수군을 압도하였다고 한다. 다만, 전체 함대 숫자에서 조선 수군이 일본 수군보다 늘 적었다고 하니 새삼 놀라울 뿐이다. 한마디로 싸움의 판과 룰을 바꾸어 승리를 얻어 냈고 병력의 열세에도 불구하고 자신감을 가지고 전쟁에 임할 수 있도록 군사들의 인식을 바꾸어버린 역사적인 사건이었던 것이다. 이를 바탕으로 필자는 강의 현장에서 영업대표들을 만날 때마다 늘 강조하는 것이 있다. 설사 우리가 취급하는 자사의 제품과 솔루션이 경쟁사에 비해 경쟁력이 떨어진다 할지라도 고객의 인식만큼은 반드시 내 편으로 만들 수 있어야 한다는 점이다. 즉, 제품은 져도 영업은 이겨야 한다는 것인데 바로 이 지점에서 전문가 영업과 비전문가 영업이 갈리게 된다.

영업은 고객의 인식을 바꿀 수 있어야 한다

마케팅은 주로 가격과 홍보, 정책이라는 눈에 보이는 대칭형 전투를 하지만 영업은 영업대표 자체가 전략과 무기가 되어 비대칭형 전투를 할 때도 많다. 이는 객관적 지표 그 이상의 힘을 의미하는데 결코 마케팅이 해낼 수 없는 영역이기도 하다. 다음은 제품력의 열세를 오로지 영업력으로 극복해 시장과 고객의 인식을 바꾼 필자의 신규시장 개척 사례를 소개하고자 한다. 전통적으로 삼성이 유독 약한 영역이 있었는데 광학기기 등의 렌즈를 만들어 내는 기술 분야였다. 대표적으로 카메라 사업을 들 수가 있는데 기억도 안 날만큼 철수한 지 오래되었다. 렌즈가 들어가는 기술 영역 중에 우리가 사무실 천정에서 흔히 보는 프로젝터가 있다. 필자가 이 시장을 거의 홀로 개척해야만 했던 2천 년대 초반에는 삼성전자 내에 자체 기술이 없어 일본 기업으로부터 ODM 방식으로 제품을 공급받아야만 했다.

모니터, PDP 등의 생산만으로도 이미 엄청난 실적을 내고 있던 당시 디스플레이 사업부가 자체 기술로 만들지 않은 프로젝터를 굳이 국내 시장에 공급하고자 했던 이유는 사업부장의 강력한 의지 때문이었다. 그래서 우선은 삼성의 브랜드로 판매하여 시장의 M/S를 확보한 후 훗날 자체 기술로 만들어진 제품이 나왔을 때 스위칭 하겠다는 전략이었다. 참고로 이 시장은 일본산 제품들이 시장의 대부분을 장악하고 있었고 필자가 자원해서 이 제품의 국내 시장 개척 업무를 맡았다. 그런데 문제는 이미 시장 내에 부정적인 소문이 쫙 나버린 것이었다. 자체 기술로 만들어진 제품이 아니다 보니 A/S문제는 기본이고 유통망만 믿고 시장을 확대하려는 삼성의 영업전략은 실패할 것이라는 조롱 섞인 비판들이 던져졌던 것이다. 실제로 프로젝터는 유통망에 많이 깔기만 한다고 저절로 판매가 이루어지는 게 아니라 설치를 포함한 기술 지원은 물론 시장 내에서 좋은 인식이 뒷받침되어야 했기 때문이다.

그래서 필자의 첫 번째 영업전략은 프로젝터에 대한 기술과 A/S에 대한 풍부한 노하우를 가진 일본 제품을 취급하는 국내 총판사를 영입하는 것이었다. 열심히 찾고 두드리고 찾아가기를 몇 번이고 반복했다. 그러나 안타깝게도 우리 측과 계약을 하고 싶어 하는 곳은 단 한 군데도 없었다. 몇 달이 지났을까, 마침내 일본 제품을 취급히는 총판 한 곳과 어렵게 계약을 하기로 합의가 되었다. 일사천리로 가격 및 유통, A/S까지 모든 정책적 내부 품의도 마쳤다. 이제 계약서에 사인만 하면 되었다. 그런데 이게 웬일인가. 돌연 계약을 할 수가 없다고 담당 부장으로 부터 연락이 온 것이다. 이유는 황당하지만 받아들일 수밖에 없었다. 그러나 여기서 멈출 수는 없는 법. 필자는 전략을 바꾸기로 했다. 전통적으로 삼성이 추구하던 탑다운Top-down 방식의 대규모 총판 선정이 아닌 바텀업Bottom-up 방식의 소규모 딜러 육성 방식으로 말이다.

게임체인저의 동력을 갖추자

고민에 고민을 거듭한 끝에 결국 돌파구를 마련했다. 당시 한창 유행하던 온라인 커뮤니티 내부에 영화 마니아들로 구성된 프로젝터 동호회를 찾은 것이다. 주로 서울과 부산을 중심으로 형성돼 있었는데 이곳에선 정기적으로 각 국가별, 브랜드별 프로젝터 비교 평가 전시회도 개최하고 있었다. 바로 이거였다. 이곳에 있는 마니아들이 시장 내 입소문을 퍼뜨리는 일종의 빅마우스였는데 이들을 내 편으로 만드는 게 중요해 보였다. 저항이 없진 않았지만 마침내 우리의 제품도 그 틈에 겨우 끼워 넣을 수 있었다. 그리고 그곳을 통해 작은 규모지만 기술 영업이 가능한 역량 있는 딜러들을 찾아 계약까지 할 수 있게 되었다. 1년여가 지날 무렵 계약한 딜러만 5개 업체 이상이었고 시장 MS를 10% 선까지 끌어올리기도 했다. 무엇보다 가장 큰 성과는 삼성이 정식으로 프로젝터를 취급하는 기업이라는 인식이 시장 내에 자리 잡은 것이었다.

　과거 LG전자 인도네시아 법인에 근무하며 영업활동을 하던 한 영업대표가 뎅기열 바이러스로 많은 아이들이 죽는 모습을 보며 안타까워하다가 뎅기열 모기 퇴치용 에어컨을 만들어 출시하자고 본사에 건의를 했다. 본사에서는 말하길 우리는 에어컨 전문가만 있지 현지 사정에 밝은 모기 전문가가 없기 때문에 개발하기가 곤란하다는 답변을 보내왔다. 그러나 그는 포기하지 않고 수소문 끝에 인도네시아 보고르대학에 모기 전문가가 있다는 소식을 듣고 찾아가 LG전자와 보고르대학 간의 산학협동 프로그램을 체결하기에 이른다. 핵심 기술은 모기가 싫어하는 주파수 대역을 찾아 파동센서를 제품에 장착하는 것이었다. 파동센서가 작동되면 모기가 접근하지 못하도록 하는 원리다. 수개월이 흘러 실제 뎅기열 모기 퇴치용 에어컨은 출시되었고 선풍적인 인기를 끌게 되었다. 여기에 그치지 않고 인도네시아에서의 성공 사례는 인근 주변 나라 법인들에게까지 전파되어 동남아시아 전체 에어컨 매출을 끌어올리는 기폭제가 되었다. 영업대표 한 사람의 집념과 열정으로 시작되어 시장의 판도와 고객의 인식을 바꾸어 버린 성공적인 영업 마케팅 사례다.

당연한 이야기지만 영업에서 제품은 너무나 중요하다. 1차적으로 제품이 고객의 문제를 해결해주는 차별화된 솔루션(혜택) 그 자체이기 때문이다. 그렇지만 영업대표가 제품 중심적인 카테고리에만 갇혀 지낸다면 위와 같은 사례들을 결코 만들어낼 수 없을 것이다. 모든 무기를 갖추고 전쟁에 나갈 수만 있다면 정말 좋겠지만 우리의 영업현실은 항상 그 이상으로 부족하기만 한 법이다. 이때 영업대표는 시장과 고객의 인식을 바꿀 수 있는 돌파구를 늘 고민해야 한다. 그 돌파구를 만들어내는 게임체인저의 동력을 아래의 그림으로 정리해 보았다. 먼저 영업대표는 각각 시장을 예의주시하는 관찰의 힘, 원활한 소통이 되도록 하는 기획의 힘, 일이 되도록 만드는 실행의 힘이 필요하다. 그러나 이것만 가지고도 부족하다. 어떠한 난관이 오더라도 반드시 결과물을 만들고야 말겠다는 강한 집념과 열정의 연료를 늘 스스로 채울 수 있어야만 한다. 그래야 목적지까지 갈 수 있다.

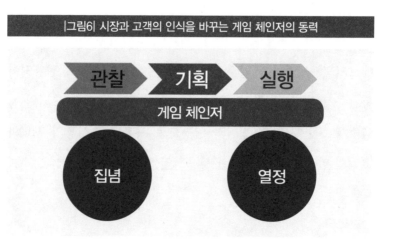

|그림6| 시장과 고객의 인식을 바꾸는 게임 체인저의 동력

관찰 → 기획 → 실행
게임 체인저
집념　　열정

12

전문가 영업대표는
새로운 관점을 찾아내 교육시킨다

새로운 관점을 제시해주는 영업대표

필자가 커피사업을 할 당시 커피를 볶는 기계(일명 로스터기)의 구매를 고려하고 있었을 때의 일이다. 로스터기 공급업체도 워낙 많았지만 도대체 어떤 제품을 어떤 기준으로 구매해야 할지를 몰라 난감해하고 있었다. 로스터기는 한번 구매하면 상당 기간 사용해야 하고 비교적 고가의 장비였기 때문에 구매에 신중을 기해야 했다. 그런데, 최종적으로 필자가 선택한 제품의 구매 선정 요소는 처음에 고려했던 가격이나 A/S가 아닌 기능 쪽으로 대폭 옮겨져 가야 했다. 그 이유는 다름 아닌 로스터기 공급사이 영업대표 때문이있다. 나름대로 커피에 대한 지식이 있었다고 자부했던 필자는 제품의 기능에는 별 차이가 없을 것으로 판단했었다. 그런데 그와 얘기를 나누면서 생각이 상당 부분

바뀌게 되었는데 그의 제안을 따를 수밖에 없었던 결정적인 이유는 그가 단순히 커피 기계뿐만이 아닌 커피 전반에 관한 지식에 있어서도 무척 해박했기 때문이었다. 그는 필자가 품고 있던 진짜 니즈인 '커피 생두가 지닌 본연의 맛 재현'을 찾아주었고 해당 니즈에 맞는 제품을 추천해 주었다. 당시 필자의 마음속에는 이 사람이라면 앞으로도 계속 만나 커피에 관한 이야기를 나누고 싶다는 신뢰와 믿음이 생겨났다. 그는 단순히 커피 기계를 판매하는 사람이 아닌 전문가 영업대표로서 필자에게 새로운 관점을 제시하고 교육까지 시켜준 것이었다.

영업대표들의 착각

오늘날 고객들은 인터넷을 통해 많은 지식을 얻을 수 있어 겉으로는 똑똑해 보일지 모르지만 정작 자신이 구매해야 할 제품에 있어서조차 구매 단계에 접어들면 판단이 흐려지곤 한다. 왜냐하면 과다한 정보들이 오히려 수많은 업체와 브랜드, 모델의 선택을 방해하기 때문이다. 이들을 위해 영업대표는 고객이 처한 상황에 맞는 제품과 솔루션을 연결해 그들의 구매 선택을 보다 쉽게 해줄 필요가 있다. 하지만 다음의 조사들을 보면 현실은 많이 다른 것 같다. B2B전문 통계회사 포레스터리서치Forrester Research의 조사에 의하면 고객사들 중 39%만이 영업대표와의 만남이 가치가 있었으며 기대에 부응했다고 말했다. 나머지 고객들은 영업대표와의 만남이 과연 가치가 있는지 잘 모르겠다고 응답했다. 또한 세계 3대 경영컨설팅 기업 베인앤드컴퍼니Bain&Company가 375개 기업고객을 대상으로 한 연구에서 해당 기업들을 대상으로 영업활동을 하는 영업대표들에게 다음과 같이 질문했다. "당신이 고객에게 제안한 가치가 실현되었다고 생각하십니까?" 여기에 80%의 영업대표가 그렇다고 응답한 반면 이들로부터 제안 받은 동일한 고객사들에게 "해당 영업대표로부터 제안 받은 가치는 실현되었습니까?"라는 질문에는 고작 8%의 고객사만이 동의를 했다고 한다. 안타깝게도 영업대표들의 제안에 상당수의 고객은 만족하고 있지 않은 것으로 나타난 것이다. 그렇다면 우리의 영업대표들이 고객의 기대에 부응하는 영업 서비스를 실현하려면 어떻게 해야 할까?

고객에 대한 새로운 관점교육이 중요하다

먼저 고객이 당면한 문제에 대해 질문해 올 것을 가정하고 제품이나 솔루션과의 연관성을 다른 관점으로 설명할 수 있도록 미리 준비해둬야 한다. 즉, 고객이 "당신이 취급하는 제품은 어떤 문제를 해결해 줄 수 있습니까?"라고 질문해 온다면 여기에 적절한 모범답안을 미리 준비해 놓는 것이다. 아래의 화재 예방

센서를 취급하는 영업대표A의 답변을 살펴보자.

■ 답변 예제

"저희의 제품은 단순하게 센싱 기능에 관한 것이 아닙니다. 저의 고객들 중 일부는 최근 빈번히 일어나는 선박 내 화재 사고로 심각한 어려움에 직면하고 있습니다. 이러한 사고들은 보험금만으로 충당될 수 없는 추가적인 비용부담을 늘 수반하게 되는데 저희의 제품을 통해 사고율을 획기적으로 줄여 큰 비용 절감 효과를 가져왔습니다. 그뿐만 아니라 고객사의 고객들에게도 안전한 이미지를 주게 되는 선순환 효과를 창출하고 있습니다."

여기서는 '단순한 센싱 기능에 관한 것이 아니다.'라고 한 것이 다른 관점이라고 할 수 있고 '사고율을 획기적으로 줄여 큰 비용 절감 효과를 가져왔다.'는 것이 제품 및 솔루션과의 연관성을 연결한 문장이 된다. 이 두 문장은 고객이 듣고 싶어 하는 핵심적인 내용을 담고 있다. 이러한 방식을 리프레이밍(Reframing : 관점 재구성)이라고 하는 데 핵심 포인트는 가급적 누구나 생각할 수 있는 답변을 피하도록 하는 데 있다. 설사, 여러분이 취급하는 제품이 지극히 단순해 차별점이 없다고 하더라도 꼭 궁리해서 답변서를 작성해 놓아야 한다. 놀라운 사실은 고객이 처한 현재의 문제에 관해 주의 깊게 생각하고 궁리하기를 반복하면 반드시 다른 관점이 떠오른다는 사실이다. 필자를 믿어도 좋다.

다음으로는 영업대표의 고객사에 대한 새로운 관점교육^{Teach} ^{for differentiation}이다. 'Teach for differentiation'은 직역을 하면 "고객에게 차별점을 가르치다."이지만 의역하면 고객에게 "새로운 관점이나 통찰을 교육하다.", "예전에는 몰랐던 통찰을 조언하다."의 뜻이 된다. 많은 국내외 전문가들은 오늘날 영업대표가 갖추어야 할 가장 중요한 역량으로 새로운 관점교육^{Teach for} ^{differentiation}을 드는 데 주저하지 않는다. 이는 두 가지 이유에서 비롯된다. 첫째, 고객들은 영업대표들이 제안하는 제품, 브랜드, 서비스들을 거의 비슷하다고 생각한다. 둘째, 고객의 충성도를 이끌어내는 절반 이상은 영업대표와의 영업경험^{Sales experience}에서 나온다. 이러한 사실들로 비추어 볼 때 영업활동에서의 핵심은 무엇을 파느냐가 아닌 누가 어떻게 파는가에 달려있고 이는 결국 영업대표가 얼마만큼 새로운 관점을 고객에게 교육시킬 수 있느냐의 여부로 판가름이 난다고 볼 수 있다. 이를 매슈 딕슨, 브랜트 애덤슨의 책『챌린저 세일』에서는 고객 충성도를 이끄는 영업경험 17개 항목으로 세분화 시켰는데 이 중 대표적인 항목을 5가지로 압축하면 아래와 같다. 즉, 고객의 입장에서 자신들의 구매과정을 도와주는 영업대표의 새로운 관점교육^{Teach for differ-} ^{entiation} 항목이 되겠다.

- 영업대표가 시장에 대한 고유하고 가치 있는 관점을 제공한다.

- 영업대표가 여러 대안을 검토할 수 있도록 도움을 준다.
- 영업대표가 지속적으로 조언과 자문을 해준다.
- 영업대표가 있을지도 모르는 위험을 피하도록 도와준다.
- 새로운 이슈와 성과물에 대해 가르쳐 준다.

여러분이 만일 위에 제시된 5가지 항목들을 영업현장에서 실천하고 있다면 여러분은 이미 전문가 영업대표로서의 상당한 역량을 보유하고 있는 것이나 다름없다. 그리고 이러한 역량들은 고객에게도 유익하지만 영업대표 자신에게도 많은 도움을 준다. 예를 들어 고객의 의존도를 높임으로써 무리한 가격할인 요구를 최소화한다든지 오히려 역으로 제값을 요구하는 등의 주도권을 갖게 해주기 때문이다. 그렇기 때문에 영업대표는 먼저 자신을 관점교육이 가능한 전문가로서 포지셔닝 할 필요가 있다. 이에 관한 방법들이 계속해서 다루어질 것이다.

13

언택트 영업,
디지로그 셀링에 능한 영업대표가 되라

언택트 영업의 돌파구 '디지로그 셀링'

외국계 IT 장비 전문 제조사에서 근무하는 P 대리는 코로나 19가 확산세로 접어들자 영업하기가 정말 어려워졌다며 하소연했다. 이번 달 자사에서 주최하는 고객 세미나가 취소됨은 물론 다음 달 해외 고객사 유치를 위한 출장 일정 모두가 무기한 연기되었기 때문이다. 특히, P 대리의 강점은 IT 장비에 관련한 해박한 지식을 바탕으로 세미나나 박람회 등을 통해 신규고객을 유치하는 대면영업에 있었는데 이제는 이 모든 것을 줌Zoom이나 유튜브 라이브 등의 디지털 플랫폼을 통해 하려다 보니 뭔가 익숙하지가 않고 자신의 실력을 제대로 보여주지 못하는 것 같아 늘 속상하기만 하다. 국내 코스메틱 ODM 제조사 L 부장은 영업관리자로서의 애로사항을 말해주었다. 코로나 이전까지만 해도 전혀 매출에 지장이 없던 주력 거래선들마저 코로나 장기화에 따라 물량을 줄이기 시작했기 때문이다. 기존고객들에게 전화통화를 하는 것도 하루 이틀이지 고객관리에도 한계가 드러나 고민이 깊다. 온라인 커머스가 대세라 최대한 영업력을 집중해 보지만 경쟁이 너무 치열해 영업이익률은 갈수록 떨어져가고 사무실에만 앉아 있는 영업대표들에겐 딱히 뭐라 할 말도 없어 이래저래 답답하기만 하다. 위의 사례들은 실제 필자가 교육현장에서 인터뷰를 통해 들은 내용들이다. 이와 관련 최근 필자는 언택트 영업을 주제로 강의 섭외를 받게 되면서 교육생들에게 좀 더 실질적인 가이드라인을 줄 수 없을까를 고민하다가 명쾌한 키워드를 하나 찾게 되었다.

대한민국 최고의 석학 중 한 분인 이어령 박사. 15년 전 필자는 그분의 『디지로그』라는 책을 통해 아날로그 사회에서 디지털로 가는 과도기, 혹은 디지털 기반과 아날로그 정서가 융합하는 시대 흐름에 대한 신선한 통찰을 배울 수 있었다. 책을 읽어본 분들은 아시겠지만 이 책은 기술에 관한 흐름보다는 우리나라만의 독특한 식문화를 미디어와 커뮤니케이션이라는 주제로 연결해 대한민국이 향후 후기정보사회에서 으뜸 국가가 될 것이라는 일종의 예언자적인 내용을 담고 있다. 디지로그는 말 그대로 디지털과 아날로그의 합성어다. 그런데 이 둘은 영업현장에서도 떨어지지 않고 함께 어울리며 포스트 코로나 시대의 B2B 영업 채널을 주도하는 키워드가 될 것으로 보인다. 이른바 디지로그 셀링Digilog Selling이다. 코로나19로 인해 고객과의 만남이 어려워지자 소통 환경이 대거 디지털 기반으로 옮겨가기 시작했다. 그러자 너도나도 디지털 영업역량을 키우기 위해 디지털과 관련된 학습을 하게 되었다. 하지만 여기서 결코 놓치면 안 되는 것이 있으니 궁극적으로 영업 생산성은 아날로그 영업 역량과 콘텐츠 기획력에서 나온다는 사실이다. 참고로 여기서 말하는 아날로그 영업 역량은 전화를 통한 신규고객 발굴 및 기존고객과의 관계강화 역량 등을 말하고 콘텐츠 기획력은 디지털 환경에서 웨비나 등을 기획하고 진행하는 역량 등을 말한다. 그리고 또 하나, 디지털 기술은 고객과의 소통을 원활하게 하기 위한 보조도구로서 다루어져야 하지 그 자체가 목적이 되어선 곤란하다.

디지로그 셀링의 사례

그렇다면 세일즈 뉴노멀 시대에서 우리의 영업대표들은 앞으로 어떠한 역량들을 보강하고 활용해야만 할까? 이해를 돕기 위해 우선 몇 가지 사례들을 확인해보자. 코로나19가 확산되면서 가장 빠르게 디지로그 셀링의 강점을 보여준 업종은 제약업

계였다. 그간 제약사들은 새로운 전문의약품이 출시되면 론칭 심포지움이나 제품설명회 등의 오프라인 학술 행사를 통해 제품 홍보를 해왔다. 또한 각 기업의 영업대표들은 인쇄된 판촉물과 샘플을 직접 들고 병의원을 찾아가 영업활동을 해왔다. 그러나 코로나19가 제약사들로 하여금 강제적으로 디지털 영업과 마케팅을 확대하게 만들었으니 실제로 외근직의 영업대표들과 내근직을 하는 마케터들 모두가 재택근무에 돌입하면서 의사들에게 제품 정보가 담긴 URL 링크를 보내거나 해외 강연자들의 심포지엄 동영상 등을 자체 플랫폼을 통해 반복 시청할 수 있도록 했다. 또, 어떤 제약사는 MS 메신저 기반의 협업 솔루션을 도입해 단순 주문과 같은 것은 챗봇을 이용하기도 하는 등 발빠른 영업·마케팅 활동의 디지털 트랜스포메이션화를 보여주었다. 그 결과로 대형 제약사가 위주이긴 하나 2020년 4월 3일자 팜뉴스PharmNews에 보도된 내용에 따르면 약 10%의 제약사들이 이 와중에도 성장을 했으며 이 중 C제약사의 경우 코로나가 한창이었던 1분기 매출과 이익에서 두 자릿수 성장을 이뤄내기도 했다.

|그림7| 보령제약 웹 심포지엄

　해외 영업으로 눈을 돌리면 2020년 7월 영국 해상풍력 발전
단지 공급사인 아랍에미리트 람프렐Lamprell사와 총 700억 원 규
모의 해상풍력 하부구조물 공급계약을 체결한 삼강엠앤티의 수
주 사례가 돋보인다. 코로나19로 해외 출장이 불가능해지자 해
당 회사는 다양한 언택트 루트로 전환해 이번 성과를 이뤄냈다
고 했다. 1월까지는 영국과 두바이를 오가며 영업활동을 하다
가 코로나19 확산이 본격화한 2월부터는 매주 1회 이상 정기
화상 회의를 통해 세부 계약 내용을 점검했다고 한다. 인상적
이었던 점은 업의 특성상 설계도면 등 다양한 자료를 함께 보면
서 검토를 해야 하는데 디지털 기반의 언택트 방식으로 전환해
서 하다 보니 오히려 대면 영업방식보다 더 즉각적으로 정확하

고 쉽게 업무를 처리할 수 있었다고 전한 대목이다. 잦은 출장이 사라지며 생긴 경비 절감은 덤이다. 코로나19가 창궐하면서 정말이지 기업영업 활동에 많은 제약이 생겨났다. 특히, 내수는 물론 해외를 위주로 영업활동을 하는 기업들의 경우엔 더 많은 어려움을 겪고 있다. 그런데도 불구하고 위의 두 사례를 유심히 살펴보면 코로나19로 모두가 어려운 상황인 가운데에서도 선전한 이유들을 발견할 수가 있었다. 첫째, 신속하게 디지털 플랫폼을 활용했다는 점이고 둘째, 아날로그 영업 역량을 통해 고객과의 관계를 더욱 강화했다는 점이다. 또한 이러한 모든 활동들은 어느 날 갑자기 생겨난 게 아닌 이미 운영되어오던 플랫폼과 아날로그 운영역량들이 코로나19를 만나 더욱 촉진되었다고 보는 것이 맞다. 이 중 그 활용도가 점점 많아지고 있는 것이 웨비나다. 웨비나는 웹과 세미나의 합성어로 일반적으로 인터넷이 연결된 컴퓨터와 마이크, 전화를 이용해 진행자와 참석자 간에 실시간, 양방향으로 진행되는 온라인 발표회다.

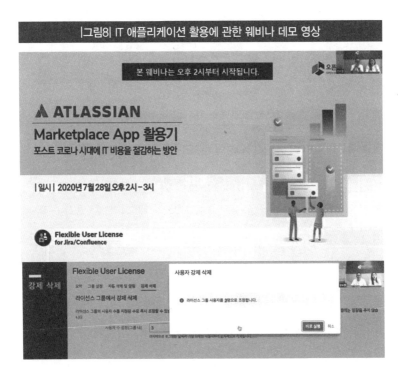

|그림8| IT 애플리케이션 활용에 관한 웨비나 데모 영상

디지로그 셀링의 필요 역량과 활동

지금은 주로 IT 관련 업계에서 애플리케이션 활용기나 신제품 발표회 등의 목적으로 개최되곤 하는데 기술 발전에 따라 웨비나의 형태도 다양해질 전망이다. 그렇다면 이제 우리의 영업대표들이 이러한 세일즈 뉴노멀의 시대에서 어떻게 디지로그 셀링의 전문화를 이루어가야 힐지를 알아보자. 첫째, 아웃바운드 콜드콜링 역량을 강화해야 한다. 언택트 기반에서도 신규고객의 창출은 여전히 아웃바운드 콜을 통해 이루어질 수밖에 없다. 웹 링크를 만들어 무분별하게 대량 이메일을 발송할 수도 없고 처음 대하는 낯선 가망고객에게 대뜸 화상회의를 청하는 것도 무리이기 때문이다. 결과적으로 B2B영업은 여전히 아날로그 영업 역량을 통해 승부를 내야만 한다. 그것도 가장 빠르고 효율적이며 안전한 언택트 도구인 전화를 통해서 말이다. 그림9에서 보면 코로나19 발생 이후에도 아날로그 기반의 전화영업은 여전히 그 위력을 상실하지 않은 채 더욱 확장되고 있는 것을 볼 수 있다. 여기서의 전화영업이 바로 콜드콜링을 의미하며 전화를 통해 낯선 가망고객과의 약속잡기를 하는 영업활동을 뜻한다. 결국 콜드콜링이 성공하지 못하면 잘 준비된 디지털 플랫폼도 소용이 없게 된다. 이와 관련해서는 필자의 콜드콜링 서적『프로미스』를 참고하기 바란다. 아무리 영업환경이 디지털로 바뀌어도 경쟁사보다 한발 앞서 신규 시장과 고객을 창출해야 한다는 것에 이의를 달 사람들은 없을 것이다. 그런 면에서 신규시장 및 고객을 창출하는 영업의 본질적 기능은 여전히 아날로그 영업 역량에서 승부가 갈리게 된다.

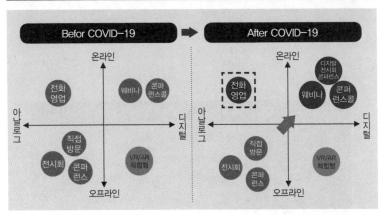

|그림9| 코로나19 이후 B2B 세일즈 고객 채널 중요도 변화

Befor COVID-19 ➡ After COVID-19

자료 출처: 동아비즈니스리뷰 2020년 6월 Issue 2

둘째, 디지털 기술의 활용역량을 강화해야 한다. 디지털 디바이드(Digital divide : 디지털 지식 및 활용기술의 격차)가 발생되는 지점이기도 한데 기존 오프라인에서 고객을 만나 제품을 시연하고, 가격 협상을 했던 모든 영업활동을 VOD(Video On Demand : 맞춤 영상 정보서비스)나 온라인 라이브 방송 형태로 제작해 고객과 소통할 수 있어야 함을 의미한다. 기업에 따라 제작환경의 편차는 크겠지만 승부처는 콘텐츠의 질에 달려있다. 콘텐츠의 질은 장비 인프라와 같은 기술적인 면도 중요하겠지만 결국 영업대표의 기획·편집·소통 역량에 좌우된다고 볼 수 있다. 어떻게 보면 디지털 환경에서 무한도전의 김태호 PD와 유재석 씨의 역량을 누루 겸비한 영업대표가 필요하게 된 것이다. 또한 디지로그 셀링의 성패가 철저한 사전 준비에 달려 있다는 점도 간과해선 안 된다. 즉, 아래의

표에서 제시한 다양한 디지로그 활동들이 원활하게 운영되기 위해선 완성도 높은 시나리오는 물론 유관부서와의 협조가 필수적이기 때문이다.

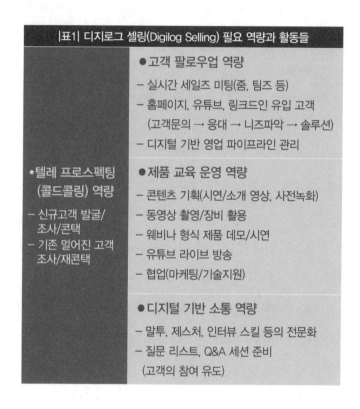

|표1| 디지로그 셀링(Digilog Selling) 필요 역량과 활동들

• 텔레 프로스펙팅 (콜드콜링) 역량 − 신규고객 발굴/ 조사/콘택 − 기존 멀어진 고객 조사/재콘택	• 고객 팔로우업 역량 − 실시간 세일즈 미팅(줌, 팀즈 등) − 홈페이지, 유튜브, 링크드인 유입 고객 　(고객문의 → 응대 → 니즈파악 → 솔루션) − 디지털 기반 영업 파이프라인 관리
	• 제품 교육 운영 역량 − 콘텐츠 기획(시연/소개 영상, 사전녹화) − 동영상 촬영/장비 활용 − 웨비나 형식 제품 데모/시연 − 유튜브 라이브 방송 − 협업(마케팅/기술지원)
	• 디지털 기반 소통 역량 − 말투, 제스처, 인터뷰 스킬 등의 전문화 − 질문 리스트, Q&A 세션 준비 　(고객의 참여 유도)

마지막으로 영업대표는 고객들의 디지털 피로감을 고려한 소통을 해야 한다. 왜냐하면 고객들은 오프라인 때보다 디지털 공간에서 훨씬 더 일찍 피로감을 느끼기 때문인데 이를 위해 고객과의 대화, 데모 시연, 이벤트 등 고객과의 상호작용은 가급적

① 짧고 ② 명확하며 ③ 핵심적으로 진행될 수 있도록 말투에서부터 인터뷰 스킬 하나하나까지 리허설을 통해 섬세하게 체크해야만 한다. 이와 같이 영업대표는 아날로그와 디지털 영역 모두에서 두루 탁월한 디지로그 셀러가 되어야 하는데 이것이 곧 언택트 기반 미래 영업대표가 갖추어 나아가야 할 전문가 영업의 모습이다.

14

아무리 강조해도
지나치지 않은 프로스펙팅 역량

What is 프로스펙팅?

강의현장에서 이러한 질문을 던져 보았다. "만일 신神이 당신에게 B2B영업을 잘할 수 있는 역량 2가지를 선물로 주신다면 어떤 역량을 선물로 받고 싶으신가요?" 여러 답변들이 나온다. "매출 잘하는 거요.", "고객 설득이요.", "대형 계약 성사요." 간혹 기대 이상의 멋진 답변도 있다. "고객에게 깊은 신뢰감과 호감을 주고 싶어요." 그러면 필자는 비로소 준비한 멘트를 한다. "네, 여러분의 모든 답변을 모두 모아 가능케 할 수 있는 두 가지 역량을 정리해봤습니다. 바로 농사꾼 역량과 사냥꾼 역량입니다." 먼저 농사꾼 역량은 농부가 논과 밭을 일구어 곡식과 열매를 맺기까지의 힘들고 지난한 과정을 비유하는 것으로 영업의 프로스펙팅 활동을 말한다. 프로스펙팅Prospecting은 가망고객을 발굴하는 아웃바운드 영업 프로세스 7단계 중 1, 2, 3단계를 묶어 총칭하는 것으로 각각은 고객발굴(1단계), 고객조사(2단계), 고객콘택(3단계)으로 구분해 볼 수 있다. 이때 프로스펙팅에서 요구되는 덕목이 농사꾼과 같은 성실과 인내다. 그리고 이 중 3단계인 고객콘택에 해당하는 것이 사냥꾼 역량인데 마치 포수가 먹잇감을 발견했을 때 놓치지 않는 것을 비유한 것으로 콜드콜링에 해당한다. 콜드콜링은Cold Calling 영업제안을 목적으로 전화를 하여 낯선 가망고객으로부터 약속을 이끌어내는 기법을 의미하는 것으로 다른 말로는 T.ATele-Approach 또는 텔레 프로스펙팅Tele-prospecting 이라고도 한다.

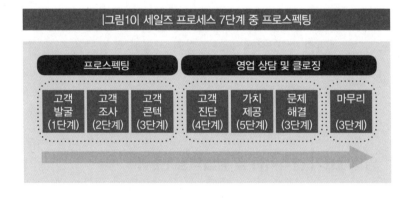

|그림10| 세일즈 프로세스 7단계 중 프로스펙팅

이제 프로스펙팅의 올바른 정의를 확인하고 갈 필요가 있겠다. "프로스펙팅은 적합한 고객을 찾고 부적합한 고객은 피하는 것"이다. 이렇게 개념을 머릿속에 잘 탑재를 하고 콜드콜

링을 하게 되면 고객의 완강한 거절이든 반복되는 거절이든 그 어떠한 것도 문제가 되지 않는다. 그러한 거절들은 영업대표의 시간과 물리적인 기회비용을 줄여주기 때문에 오히려 감사해야 하는 게 맞다. 요약하면 부적합한 고객은 바로바로 명단에서 삭제해가면서 자신에게 적합한 가망 고객 후보군만 추려가면 되는 것이다. 종종 아웃바운드 영업을 전문으로 하는 영업직원들조차 콜드콜링을 단기 실적 차원에서 필요할 때만 하는 경우가 있다. 이럴 경우 거절에 대한 불쾌함을 이기지 못해 불필요한 상처를 받거나 자존심이 상해 프로스펙팅 활동 자체에 대해 거부감을 가질 가능성이 높다. 사람이기 때문에 예외가 거의 없다. 그래서 콜드콜링을 하기 전엔 항상 프로스펙팅의 올바른 정의를 상기하면서 진행하면 좋다. 그렇게 되었을 때 영업대표는 쿨Cool해질 수 있으며 콜드콜링의 진정한 즐거움을 맛볼 수 있게 된다.

영업대표가 갖추어야 할 영업역량 1순위

방금 전 우리는 프로스펙팅이 "적합한 고객을 찾고 부적합한 고객은 피하는 것"이라는 정의를 확인했다. 그리고 그것을 이루어 가는 핵심 도구로서 영업대표들은 전화라는 매체를 이용하고 있다. 『예측가능 프로스펙팅(매릴러 타일러·제레미 도노반 지음, 아이투맥스,

2018)』에서는 이 전화가 유효한 약속을 확보하는 데 있어 시대를 초월하는 획기적인 도구임을 증명해주고 있다. 예를 들어 소셜 미디어와 소셜 셀링 등이 새로운 디지털 패러다임에 맞게 고객 발굴에 있어서도 그 중요성이 확대되는 건 맞지만 가망고객을 판매로 연결시키는 데에 있어 가장 빠르고, 가장 적은 비용이 들며, 가장 높은 상호작용의 효율성을 가져다주는 언택트 도구는 아직까지 전화를 대체할 만한 게 없다는 것을 강조한다. 그래서 해외의 아웃바운드 영업 전문가들은 전화를 통한 프로스펙팅 즉 텔레 프로스펙팅의 중요도를 전체 세일즈 프로세스 중 약 65% 정도로까지 부여한다. 여기에 더해 영업대표가 프로스펙팅을 잘하게 되면 영업의 나머지 기능들 가령 영업상담, 클로징 역량도 함께 발달하는 시너지 효과를 볼 수 있다. 그런 의미에서 성공적인 텔레 프로스펙팅 즉, 콜드콜링의 과정은 남녀 간의 데이트 진척 과정과 흡사하다.

가령 당신이 오랜 노력 끝에 꿈에 그리던 아름다운 이성과의 만남이 성사되었다고 하자. 당신은 제일 먼저 무엇을 할 것인가? 아마도 상대에게 매력 있는 사람으로 보이기 위해 옷매무새 단장에서 대화에 필요한 소재 찾기에 이르기까지 많은 준비를 할 것이다. 어디 그뿐이겠는가. 상대의 마음을 사로잡기 위해 함께 식사할 맛집 선정에서 멋진 데이트의 마무리를 위한 부담스럽지 않은 선물까지 준비하게 될지도 모른다. 장담은 못하지만 데이트의 성공 가능성은 한층 높아질 게 분명하다. 꿈에 그리던 아름다운 이성과의 만남을 갖기가 어려울 뿐이지 일단 만남이 성사되기만 한다면 나머지 진척 과정은 누가 가르쳐 주지 않아도 인간의 본능상 스스로 학습하고 준비를 하게 되어 있다. 만일, 당신이 진정으로 유능한 영업대표가 되고자 한다면 프로스펙팅 역량을 영업개발 제1순위로 두고 노력할 필요가 있다. 그리하면 고객과의 성공적인 영업상담을 위한 시나리오도, 계약으로 이끌기 위한 클로징 전략도 스스로 알아서 준비하고 학습할 것이다. 당신이 그(그녀)와의 성공적인 데이트를 위해 누가 시키지 않아도 스스로 준비하고 노력한 것처럼 말이다.

두 개의 마인드가 필요하다

프로스펙팅을 잘하기 위해선 두 가지 중요한 마인드를 마음속에 새겨둘 필요가 있다. 첫째는 사업가 마인드이다. 달리 강조하면 일을 주도적으로 해야 함을 의미한다. 업종에 따라 어떤 기업들의 경우 업무 편의성을 위해 프로스펙팅을 위한 고객DB를 영업대표들에게 탑다운Top down 식으로 나누어 주게 된다. 이때의 고객DB를 필자는 1차 DB라고 명명한다. 이것은 자신이 직접 만든 것이 아니기 때문에 애착도 안 가고 동기부여가 되지 않아 기계적으로 프로스펙팅을 할 가능성이 높다. 그래서 영업대표는 이를 2차 DB로 바꾸어야 한다. 2차 DB는 자기 주도하에 추가적인 조사작업을 통해 자신만의 DB로 전환해야 함을 뜻한다. 이렇게 될 때 영업대표는 보다 집중력 있게 프로스펙팅 활동을 수행할 수 있게 된다. 두 번째는 열린 마인드다. 이 말은 당신이 접촉하는 모든 매체와 채널에 대해 기계적으로 접근하는 게 아닌 일상에서의 관심과 열정이 수반되어야 함을 달리 표현한 것이다. 그렇지 않을 경우 프로스펙팅 활동은 무미건조한 전화걸기 과정이 될 가능성이 높기 때문이다.

세상에 가치 있고 의미 있는 것들은 결코 쉽게 얻어지지 않는다. 그렇기에 전문가 영업대표는 농사꾼과 같은 인내와 성실함을 반드시 갖추고 있어야 한다. 하루아침에 잭팟Jackpot을 기대하는 단기적이고 조급한 마음은 B2B영업에 어울리지 않는다. 프로스펙팅은 우리가 일상에서 밥을 먹고 소화하는 것처럼 매일 매일의 영업활동 가운데 지속적으로 수행해야 할 영업대표의 가장 중요한 책무 중 하나가 되어야 한다. 세계적인 미래학자 다니엘 핑크는 그의 저서 『파는 것이 인간이다』에서 인간의 모든 활동은 그것이 전통적인 형태이든 비판매로 변화된 세일즈이든, 지금 우리는 누구나 무엇인가를 팔고 있다고 말했다. 이는 결국 오늘을 살아가는 사람들 대부분이 자신의 직업이 영업이든 그렇지 않든 자기 자신을 포함한 유무형의 재화나 서비스, 가치 등을 팔기 위해 끊임없이 자신만의 고객을 발굴하고 조사하며 접촉한다고 볼 수 있는 것이다. 그런 의미에서 어쩌면 우리의 삶 자체가 프로스펙팅의 한 과정인지도 모르겠다.

15

고객의 관심사가
어디를 향해 있는지 파악하라

고객의 구매 니즈를 섣부르게 판단하지 말라

당신은 이제 전문가 영업 수행을 위한 기본 준비를 마쳤다. 필요한 개념도 탑재했고 마인드도 다졌으며 프로스펙팅 활동을 통해 새로운 고객도 마주할 수 있게 되었다. 이제 해야 할 일은 오직 고객으로 하여금 경쟁사가 아닌 당신의 제품과 서비스를 구매하게끔 하는 것이다. 즉, 영업에서 가장 많은 시간과 노력을 필요로 하는 시점이다. 무엇보다 고객의 구매 결정기준을 정확히 파악해서 경쟁사와는 차별화된 솔루션을 제시해야 한다. 이를 통해 당당히 우선 협상대상자 혹은 정식 공급업체로 등록을 마쳐야 한다. 기업영업은 업종 간, 업체 간의 규모와 특성에 따라 천차만별이지만 대체적으로 기회 발굴에서 계약 성사에 소요되는 기간이 길고 의사결정 과정도 복잡하다. 사실 기업영업에서의 승부처는 고객과의 잦은 접촉에 달려있다. 공을 들여 두터운 신뢰관계를 구축하든지 멋진 인사이트Insight를 선제안하여 고객의 관심을 사로잡든지 간에 잦은 접촉은 영업대표에게 유리한 단서들을 제공해 준다. 이런 면에서 단서와 접촉은 동전의 앞뒷면과도 같다. 이제 영업대표는 코로나 장기전에 대비한 안전하고 창의적인 접촉방법에 대해 강구해야 한다. 그야말로 코로나가 가져다준 물리적 허들을 뛰어넘는 디지로그 셀링의 진면목을 발휘해야만 한다. 경쟁사에게도 똑같이 주어진 조건이기에 어떠한 변명도 통하지 않는다.

그렇다면 고객이 당신의 제품과 서비스를 구매하도록 하기 위해 제일 먼저 고려해야 할 것은 무엇일까? 잠시만 눈을 감고 생각해보자. 만일 당신이 베테랑 영업대표라면 이 시점에서 적어도 제품의 사양과 특장점에 관한 것들을 떠올리지는 않을 것이다. 정답은 지금 현재 고객의 관심사가 어디를 향하고 있는지를 알아내는 것이다. 입찰 참여의 경우 RFP가 발행되기 전 사전 영업단계를 통해 단서를 얻을 수 있다면 제일 좋다. 하지만 일반적인 고객사 요청에 의한 비교견적 영업 상황이거나 프로젝트성 오퍼링 영업이라면 어떻게 해야 할까? 이런 경우 유능한 영업대표는 고객의 특성을 먼저 파악하고 구매 니즈에 대한 우선순위를 정하는 데 주력한다. 대표적인 특성들로 어떤 고객은 정작 자신들이 구매해야 할 제품이나 서비스에 대한 이해나 니즈가 부족한 경우가 있을 수 있다. 또 어떤 고객은 해당 제품과 서비스를 자주 구매해온 나머지 자신들만의 가격, 제품 사양, 납기, 서비스 등에 대한 분명한 구매기준이 있는 경우도 있다. 전자의 경우라면 당신의 제품과 서비스에 대한 이해를 돕는 브리핑을 통해 구매 니즈를 극대화해야 하고, 후자라면 해당 고객사의 구매 히스토리를 파악해 경쟁사와 차별화할 수 있는 메시지를 제안해 고객의 빠른 선택을 도울 수 있어야 한다. 간단해 보이지만 일반적인 영업대표들은 이러한 고객의 특성 구분조차 잘 하지 못한다.

또한 구매 니즈로 들어가면 고객사의 구매 니즈 1순위가 적당한 제품군을 선정해 신속하게 시스템을 구축하는 데 있는 것인지, 장기적인 거래관계를 고려한 사후처리나 유지보수에 대한 체계가 잘 구축되어 있는 걸 보는 것인지, 긴급상황 발생 시 기술지원부가 장기간 체류해 문제해결을 도와줄 수 있는 걸 보는 것인지, 담당 영업대표의 업무처리 방식이나 성향을 점검하는 것인지 등에 대한 세심한 파악이 이루어져야 한다. 그런데 필자가 고객들이 가장 관심 있어 할 만한 구매 니즈 즉, 가격과 제품에 관한 부분을 처음부터 언급하지 않고 지금에서야 언급하는 이유가 있다. 놀랍게도 상당수의 영업대표들은 그들이 먼저 고객의 구매 니즈를 가격과 제품으로만 한정해 판단하고 접근하는 경우가 상당히 많기 때문이다. 설사 표면적으로는 고객이 그러한 뜻을 내비치었다고 해도 전문가 영업을 하는 영업대표들은 섣불리 가격이나 제품으로 국한해 판단하지 않는다. 우선 어떠한 고객이든 가격과 제품에 대한 전체적인 비용구조가 구매에 중요한 부분을 차지하는 건 맞다. 하지만 그것은 누구나 대응이 가능한 가장 기본적인 영역이다. 전문가 영업대표는 그 이면에 가리워진 숨겨진 니즈 혹은 고객이 생각하지 못한 니즈를 찾아 대응한다.

고객의 관심은 의외의 곳에 있을 수 있다

필자가 PC를 제조하는 기업에 들어가는 HDD(하드디스크) OEM 영업을 하던 시절의 이야기다. OEM 영업은 제품을 벌크(Bulk : 정품과 동일하지만 박스 포장이 아닌 비닐봉지 포장되어 판매되는 것) 상태로 고객사에 공급하는 영업을 말하는데 브랜드가 없다고 해서 계급장을 떼고 하는 영업 혹은 영업대표의 개인기로 돌파하는 영업이라고 불리웠다. 쉽게 말해 삼성전자 PC완제품인 매직스테이션에 들어가는 동일한 HDD를 HP, IBM, LG 등의 고객사를 상대로 부품영업을 하는 것이다. 이 시장이야말로 고객의 주된 구매 결정 기준이 가격이었는데 당시 씨게이트, 후지쯔 등의 외산 제품들의 가격경쟁력이 워낙 월등해 모두가 영업하기를 꺼려했던 것으로 기억된다. 필자는 국내 노래방 1, 2위 업체인 금영과 태진을 상대로 힘겨운 영업을 하고 있었다. 이 중 금영의 본사가 부산에 있었는데 걸핏하면 노래방에서 HDD불량이 발생되어 클레임이 들어왔다. 하지만 그때마다 아랑곳하지 않고 출장을 내려가 현장에서 고객의 불만이 해소될 때까지 머물렀다. 보통 이와 같은 클레임이 발생하면 영업대표들은 교환해줄 제품만 수배해서 보내주고 만다. 하지만 영업대표가 이러한 클레임을 기회로 잘 활용하면 자사의 약점인 가격경쟁력도 뛰어넘을 수 있게 된다. 무엇보다 필자가 배우고 깨달았던 건 고객의 진짜 관심사는 가리워져 있을 수 있다는 사실이었다.

고객의 불만이 잦아들 무렵 고객도 미안했던지 저녁을 먹고 가라고 했다. 자연스럽게 부산 앞바다에서 소주잔을 기울이면서 이런 저런 이야기를 듣게 되었는데 의외의 이야기에 감동을 받았다. "다른 회사 제품도 써봤는데 오늘과 같은 문제가 생겼을 때 이렇게 바로 찾아오는 업체는 여기밖에 없습니다. 사실 저희는 가격보다도 이런 빠른 대응을 선호하거든요. 그런데 지난번 업체는 그런 면에서 많이 아쉬웠어요." 사실 제품 불량이 발생하면 안 되지만 클레임 처리의 기본은 고객의 불만을 들어주는 것이다. 이렇게 되면 고객은 치명적이지 않는 한 자사의 제품이 가진 다른 약점에 덜 집중하게 된다. 돌아와 정리하면 고객의 구매 결정기준을 가격으로만 한정해서 판단하면 안 된다. 물론, 경험이 쌓여야 하는 부분도 있지만 영업대표는 고객이 가격 이외에 다양한 불만이나 니즈가 있을 수 있음을 알고 이와 같은 질문을 할 수 있어야 한다. "고려하시는 구매요소 1순위가 어떻게 되시나요?", "가격 이외에 중요시하는 항목이 무엇인가요?", "가격을 뺀 우선순위는 어떻게 되나요?" 이러한 질문은 경험이 부족해도 누구나 할 수 있다. 고객의 첫 요청이 이메일이든 전화든 혹은 대면이든 영업대표는 질문리스트를 머릿속에 아니면 매뉴얼처럼 작성해 책상 앞에 놓아두고 늘 되새겨야 한다. 이는 오직 고객의 관심사가 어디를 향해 있는지를 파악하기 위함이다. 영업대표는 영업기회가 발생했을 때 덮어놓고 판매할 생각부터 하면 안 된다.

16

불만요소를 찾아
고객의 문제를 확장시켜라

영업방식의 변화가 필요한 이유

기업영업을 오랫동안 해 오신 분들은 공감하시겠지만 고객이 특정 회사의 제품을 구매하는 이유에는 매우 다양한 변수들이 작용하고 있음을 알 수 있다. 지금은 많이 사라졌지만 인간관계, 시장 내 평판 심지어 경쟁사의 포기 등도 구매 사유에 포함되곤 했다. 운이 작용하는 경우도 많았다. 고객은 우리의 제품을 구매할 의사가 없었지만 호환성 문제로 인한 타 업체의 권유로 어쩔 수 없이 구매하는 경우, 긴급 상황에서 해당 제품의 재고가 우리에게만 있는 경우, 제품을 사용하는 현장부서는 원치 않았지만 구매부서의 경직된 구내패턴에 의한 습관적인 구매 등이 해당된다. 이러한 구매패턴은 영업대표의 직접적인 노력보다는 고객과 경쟁사의 사정으로 인해 발생되는 간접 수주라고 볼 수 있다. 이와는 반대로 자사의 약점들을 극복하기 위해 특정 업체와의 전략적 제휴나 구매 선정과정에서 경쟁사 제품의 약점들 혹은 허구성을 입증시키는 노력을 통해 수주에 성공하는 경우처럼 영업대표의 직접적인 노력으로 이루어지는 정상적인 수주가 있다. 다행히 사회분위기가 점점 투명하고 공정한 흐름이 커져가면서 요즘에는 후자의 정상적인 수주가 많아지고 있다.

이렇듯 기업영업의 구매결정 기준이 투명하고 공정한 형태로 간다는 것은 영업대표의 영업방식에도 변화가 있어야 함을 의미한다. 즉, 과거처럼 구매부서와 같은 특정 부서에만 집중하는 영업이 아닌 구매와 관계된 다양한 유관부서의 니즈들을 두루 반영하고 영향력을 끼치는 등 고객의 의사결정에 적극적으로 개입해야 한다. 바로 이 지점에서 영업대표의 전략적인 접근이 필요하다. 보통 구매결정을 최종적으로 확정해주는 구매부서의 직원들과 소위 의사결정그룹에 속해 있는 리더들은 구매로 발생되는 책임을 오롯이 떠안는 것을 무척 부담스러워한다. 특히, 거래규모가 크거나 안전성과 직결되는 구매인 경우라면 더더욱 그렇다.

오피니언 리더의 불만을 확장시키기

그렇기 때문에 오늘날 기업의 구매 결정 구조는 점점 더 책임을 분산하는 형태가 되어가고 있다. 핵심은 이로 인해 고객이 거래를 축소하거나 미루는 일이 없도록 해야 한다는 점이다. 그래서 영업대표는 이들의 부담을 줄여주기 위해 먼저 제품 사용과 관련한 일선 현장 근무자의 의견을 취합하고 정리할 필요가 있다. 그리고 그 과정에서 구매를 유도하는 일련의 영업활동을 단계적으로 펼쳐가야 한다. 그렇다면 이렇게 분산된 고객 의사 결정 구조 속에서 영업대표는 어떻게 자사의 제품과 서비스를 구매하도록 유도할 수 있을까? 관건은 고객사 조직 내에 해당 제품이나 서비스와 관련하여 불만을 가지고 있는 오피니언 리더(Opinion leader : 많은 사람들의 의견이나 태도, 결정 등에 영향을 미치는 인물)나 그룹을 찾아 그들을 상대로 불만의 요소들이 무엇인지를 밝혀 이를 확장시키는 데에 있다.

가령 고객사 조직 내에서 누가 가격과 관련하여 가장 불만이 큰지 혹은 민감한지, 누가 제품의 사용과 관련하여 불만이 큰지 혹은 민감한지 등을 물어보고 각각의 대상자들인 오피니언 리더들을 소개받아 그들의 의견을 청취하는 것이다. 그렇게 하기 위해선 영업대표는 이전보다 훨씬 더 정교하게 짜인 질문 리스트와 답변 리스트를 동시에 준비해야 한다. 독자들의 이해를 돕기 위해 오피니언 리더와 영업대표 간의 대화과정을 필자가 가상으로 구성해 보았다. 참고로 고객사는 화물 덤프 트럭을 운영하는 운송회사이고 1차 미팅을 마친 상태다. 고객사는 안전 운행 차원에서 차량 일부의 정기 교체를 고려하고 있었는데 정작 실제 운행을 하는 오피니언 리더그룹 즉, 기사들은 어떤 생각을 갖고 있는지에 대한 이해는 부족해 보였다. 그렇지만 만일 구매 준비과정에서 회사 측이 기사들의 의견을 취합한 결과 기사들의 종합 의견이 '교체 의견 없음'으로 결론이 난다면 고객사는 주문량을 대폭 줄이거나 주문 자체를 아예 미룰지도 모른다. 이런 일이 발생하지 않도록 영업대표는 미리 오피니언 리더와 다음의 대화를 시도할 필요가 있다.

■ 덤프차량의 안정성에 관한 일

영업대표: 현재 운행 중이신 덤프 차량의 안전성에 관해 우려가 있는 걸로 들었는데요. 혹시 그로 인한 업무차질 같은 건 없으셨나요?

고객: 글쎄요. 특별한 문제점은 없었던 것 같습니다. 저희는 차량 정비부를 신뢰하기 때문에 차량 안전 문제로 인한 업무차질은 거의 없습니다.

영업대표: 그렇군요. 그런데 만일 연휴 등 운송 특수가 발생해서 현재보다 운행 횟수가 2배 이상 늘어날 경우 차량 정비 CAPA에 문제가 생길 수도 있지 않을까요? 그런 경우는 어떻게 대비하시나요?

고객: 음… 그때에는 모두가 긴장을 좀 하죠. 아주 바쁜 경우에는 외주를 통해 파트 타임 정비사를 활용하는 것으로 알고 있어요.

영업대표: 그런 경우 차량 정비의 안정성에 신뢰가 가시나요?

고객: 솔직히 말하면 꺼림칙하긴 해요. 그래도 어쩌겠어요? 그렇게라도 하는 게 안 하는 것보다는 나으니까요.

영업대표: 맞습니다. 다만 갑작스럽게 외주를 구할 경우 우리 정비사들보다 신뢰가 떨어질 우려는 있겠어요?

고객: 그건 그래요. 그렇지만 저희들은 또 운행을 나가야 하니까.

영업대표: 그런데 만일, 그러한 특수한 상황 때 믿을 만한 회사로부터 정비 인력이 무상 지원되고 차량 역시 미국과 유럽에서 안전등급 A를 받았다면 우리 기사님들이 안심하고 운행을 하실 수 있지 않을까요? 가족 분들께서도 안심하실 수 있겠구요.

고객: 만일 그런 게 가능하다면 저희들이야 정말 좋죠. 듣고 보니 저희가 미처 깨닫지 못한 부분을 말씀 주셨네요. 차량 안전에 관한 일이라면 저희 기사들이야 마다할 이유가 없죠.

이제 컨센서스 영업은 선택이 아닌 필수

위의 대화를 보면 영업대표는 의도적으로 덤프 차량의 안정성에 관한 이슈를 던지고 있음을 알 수 있다. 참고로 가장 보편적이면서 모두가 공감할 수 있는 이슈가 제일 좋다. 이때 오피니언 리더는 보통 경계심을 갖고 답변의 수위를 가늠하게 된다. 영업대표의 입장에선 자사 덤프 트럭의 안전성과 차량 정비 지원 서비스의 우수성을 빨리 강조하고 싶겠지만 준비한 시나리오에 따라 차근차근 대화를 진행해 가도록 한다. 만일 차량 교체에 관한 큰 문제의식을 갖고 있지 않는 기사들일 경우 현재의 운행 중인 차량보다 자사의 차량이 훨씬 안전하다는 걸 아무리 강조해도 시큰둥할 수 있기 때문이다. 이러한 대화 패턴이 바로 오피니언 리더의 불만요소를 찾아 이를 확장시키는 방법이다. 안전성 이외에도 편의성, 정숙성 등 다른 이슈들에 대한 B플랜도 준비하도록 하자.

전문가 영업대표는 이렇듯 질문과 답변 시나리오를 통해서 주사용인 오피니언 리더들의 불만요소를 확장시킬 수 있어야 한다. 보신 바와 같이 이런 대화가 가능하려면 영업대표는 고객을 만나기 전 분명한 미팅 목표, 대상 선정, 질문 전략 등을 미리 세우고 들어가야 한다. 그런데 일반적인 영업대표들은 막연하게 관계구축, 정보수집이라는 생각으로만 접근한다. 들어가서 고객과 얘기하다 보면 '뭐 어떻게 되겠지'라는 안일한 생각들을 하곤 하는데 그래서는 곤란하다. 영업대표는 충분하지는 않더라도 해당 고객사에 관한 기초적인 정보를 찾아 스스로에게 먼저 다음과 같은 질문을 할 필요가 있다. "고객사 내에 누가 가장 가격과 제품에 불만을 갖고 있는가?", "가지고 있다면 예상되는 불만에는 어떤 것들이 있을까?", "우리가 보유한 솔루션과 어떻게 연결 지어 혜택을(혹은 통찰을) 제시할까?" 등이다. 오피니언 리더와의 대화가 끝나면 회사로 돌아와 해당 내용들을 정리한 후 회사 측 구매 담당자에게 리포트 하도록 한다. 이러한 활동의 장점은 크게 세 가지로 요약해 볼 수 있다.

첫째, 구매라인에 관계된 담당자들의 업무 부담을 줄이고 의사결정을 빠르게 돕는다. 둘째, 통제가능한 부분에 집중해 구매를 축소하거나 구매지연을 미연에 방지하는 효과가 있다. 셋째, 전문가 영업대표로서의 신뢰이미지를 구축할 수 있다. 앞서 얘기했듯이 고객의 구매의사 결정 환경이 점점 더 집중형에서 분산형으로 가고 있다. 이는 전문가 영업대표 입장에서 보면 고객의 구매 과정에 개입할 수 있는 여지가 많아졌다는 걸 의미한다. 이러한 환경에 대응하는 영업방식을 컨센서스 영업(Consensus : 구성원들의 합의를 이끌어내는 영업)이라고 하는데 고객으로부터 요청만을 받아 수동적으로 영업하는 데 익숙해진 영업대표들에겐 다소 어렵게 느껴질 수 있는 영업방식이다. 하지만 변화의 흐름에 발맞추어 고객사 내 다양한 오피니언 리더들을 만나 불만요소를 찾아내 ㄱ 이를 확장시키는 컨센서스 영업을 살하게 되면 경쟁사보다 몇 발 앞서 고지를 점령할 수 있게 된다. 앞으로 컨센서스 영업은 선택이 아닌 필수가 될 것이다.

17

권한의 핵심부에
파장을 일으켜라

주변부가 아닌 핵심부를 노려라

앤토니 파리넬로는 미국의 혁신적인 세일즈 트레이너로 그의 저서 『SELLING TO VITO: 최고 결정권자를 움직이는 영업 기술』 (앤토니 파리넬로 지음, 갬앤김북스, 2004)에서 고객사 내 최고 경영자에게 직접 전화를 걸어 약속을 잡고 담판을 벌이라고 주문한다. 'VITO'는 'Very Important Top Officer'를 뜻한다. 그가 영업 훈련에서 가장 인기가 없고 접근하기 어려운 주제를 과감하게 선정한 이유는 본인 스스로 경험한 바를 토대로 설득력 있는 방법론들을 제시했기 때문인데 책 전체를 관통하는 핵심적인 메시지를 요약하면 '큰 위험에는 큰 보상이 따른다', '직위가 높은 사람에게 접촉하는 것이 직위가 낮은 사람에게 접촉하는 것보다 오히려 덜 위험하다', '모든 가능성을 열어 놓고 VITO에게 직접 세일즈 하라. 시간은 절약되고 기회는 더욱 확대될 것이다' 등이 되겠다. 원작이 나온 것이 90년대 후반이니 벌써 20년이 넘은 책이지만 필자가 지금도 가끔씩 이 책을 보는 이유 중 하나는 결국 최종 구매 결정이 권한의 핵심부에서 이루어지기 때문이다.

컨센서스 형태의 의사결정으로 구매가 이루어지는 오늘날의 구도 속에서 직접적인 VITO 대상 영업은 역효과를 낼 수 있다. 하지만 실질적인 예산이 집행되는 권한의 핵심부나 예산 집행에 관여하는 오피니언 리더들을 대상으로 한 영업활동은 매우 중요하다. 집행되는 예산 규모와 절차에 따라 의사결정 기간이 길어지는 경우도 많으므로 영업대표는 인내를 가지고 영업활동 일지를 작성하면서 차별화된 전략을 업데이트해 가야 한다. 그리고 이를 원 페이지 프로포절(One page proposal : 한 장짜리 간이제안서) 형식으로 준비해 담당자에게 제출하도록 한다. 여기에는 고객의 효율적인 비용집행에 관한 영업대표의 새로운 관점이나 아이디어도 포함되어야 한다. 그리고 권한의 핵심부 오피니언 리더들을 대상으로 15분 정도 소요되는 브리핑을 할 수 있게 해달라고 요청한다. 설령 만남이 당장 성사되지 못하더라도 상관은 없다. 보내준 간이제안서가 권한의 핵심부에서 검토가 되는 것만으로도 일단 충분하다. 시간이 경과하면서 고객의 구매 결정이 다가

오면 브리핑을 요청해 올 확률이 높아지기 때문이다. 적어도 구매 담당자와의 지속적인 소통이 이어지는 효과를 보게 된다.

이렇듯 기업영업은 한 번에 상대를 넉다운(Knock-down : 한 번에 때려 눕히기)시키기 보다는 여러 번의 잽(Jap : 가벼운 연타)을 날려 서서히 무너뜨리는 방식에 가깝다. 이 잽에 해당하는 것이 작은 파장, 곧 간이제안서이다. 이러한 과정을 반복하다 보면 영업대표는 어느 순간 고객이 무엇을 원하고 있고, 앞으로 무엇을 고려해야 하며, 결정적으로 지금 무엇을 준비해야 할지에 대한 구체적인 그림이 그려진다. 그리고 이때부터 영업대표는 언제든 권한의 핵심부에 파장을 일으킬 수 있는 준비태세를 갖추게 된다. 그것은 게임 체인저일 수도 있고, 슈퍼을의 모습일 수도 있다. 영업대표는 고객을 상대로 겸손해야 하지만 때론 단호한 모습도 보여줄 수 있어야 한다. 무조건 숙이는 자세가 영업에 꼭 도움이 되는 건 아니다. 그리고 유관부서의 특성에 따라 자신의 견해를 잘 조율해서 설득할 수도 있어야 한다. 설사 객관적으로는 자사의 상품이나 서비스가 큰 차별점이 없더라도 고객사 내의 조직별 특성에 맞추어 같으나 다르게 어필하는 능력이 필요하다. 이러한 모든 것들이 잘 어우러지면 시간이 갈수록 영업대표의 영향력이 발휘되어 고객사 내부에 파장을 일으킬 수가 있게 된다. 그렇게 되면 일부러 오피니언 리더들을 만나려고 애쓰지 않아도 된다. 적절한 시기에 권한의 핵심부를 대상으로 브리핑을 하고 있는 자신의 모습을 보게 될 것이다.

권한의 핵심부를 공략하는 영업사례

권한의 핵심부를 상대로 한 조직적인 영업활동 사례를 하나 살펴보자. KT는 삼성전자와 오랜 세월 파트너이자 동시에 상호 고객사의 관계를 유지해온 대한민국 대표 통신 기업이다. 참고로 사업부에 따라 갑의 위치와 을의 위치를 서로 왔다 갔다 한다. 삼성전자 국내영업사업부 내에 전담 B2B영업 조직이 생기기 전까지는 IT제품, 그중에서도 주로 PC를 취급하는 조직이 금융, 공공, 유통 등 단위 조직에서 각개 전투로 영업활동을 하고 있었다. 그런데 전담 조직이 만들어진 후에는 사원에서 임원까지 KT를 상대로 전방위적인 영업이 가능해졌다. 예를 들어 서버를 영업하는 조직에서 해당 고객사 내의 네트워크 사업부 임원진을 통해 타 사업부의 오피니언 리더들을 소개받아 정식으로 PC나 DMFP(Digital Multi Function Printer : 디지털 복합기) 등의 제안 영업도 할 수 있게 된 것이다. 이를 제품 단위의 통합 오퍼링 영업이라고 하는데 이때 자사의 약점인 영역을 강점 영역으로 라인업화해 권한의 핵심부 구매 결정에 영향을 미칠 수 있다. 즉, 삼성의 약점인 서버 제품에 강점이자 전략 제품군인 PC와 DMFP를 유료 번들(Bundle : 묶음 판매)로 제안하게 되면 권한의 핵심부에 보다 설득력 있게 파장을 일으킬 수 있게 되는 것이다.

전형적인 맨땅에 헤딩하기 영업에서도 권한의 핵심부를 노크하기 위한 다양한 시도는 필수다. 필자는 전작『프로미스』를 통해 어떻게 하면 신규시장을 개척해 새로운 고객들을 발굴할 수 있었는지에 대한 소개와 방법론을 제시했다. 서울 선릉역에 조그마한 사무실 하나 차려 놓고 영업인력 3~4명이 똘똘 뭉쳐 그야말로 맨땅에 헤딩하기 교육영업을 시작했다. 당시 필자의 경우 6개월 동안 1,300여 개 사가 넘는 기업을 상대로 8,500여 통의 콜드콜링을 시도했고 이 중 25%에 가까운 가망고객 내 담당자들을 만날 수 있었다. 협상이라고 하는 교육상품을 제안했는데 필자는 관련 분야에 아는 인맥도 영업경험도 전혀 없었다. 필자에게 있어서 쓸 수 있는 무기라곤 오직 인터넷과 전화뿐이었다. 그렇다면 이럴 경우 어떻게 권한의 핵심부에 파장을 일으킬 수 있을까? 우선, 인터넷만 잘 활용해도 어느 정도의 규모를 갖추고 있는 기업과 관련한 정보는 어렵지 않게 구할 수가 있다. 특히, 홈페이지나 공시 정보, 채용 정보, 증권사 리포트 등을 활용하면 간이제안서 작성에 필요한 웬만한 정보와 이슈들을 얻을 수 있다. 다음으로 권한의 핵심부를 파악하기 위해 안내데스크 직원을 통한 영업부서와의 접촉도 시도했다. 대체적으로 필자가 구매 관계자인 줄로 알고 친절하게 안내를 해준다. 그럼 영업대표에게 전화를 걸어 진솔하게 필자의 입장을 전하면 권한의 핵심부 즉, 구매와 관련된 부서 담당자나 리더들의 연락처 혹은 이메일까지도 얻을 수가 있었다.

글쓰기 능력이 관건이다

다음으로 중요한 것이 글쓰기 능력이다. 누가 보더라도 가망 고객사 내 리더들의 수준에서 읽힐 수 있는 내용으로 채우는 것이 관건이다. 취합한 자료와 정보들을 바탕으로 해당 회사가 왜 우리의 상품을 검토해야 하는지에 대한 타당한 이유를 심도 있게 제시할 수 있어야 한다. 글쓰기가 제대로 완성이 되면 비즈니스 레터로도, 콜드콜링 스크립트로도, 영업상담 시 대화 각본으로도 다양하게 응용이 가능해진다. 글쓰기가 중요한 이유는 가망 고객사 내 리더그룹과 만날 수 있는 가능성을 높여주기 때문이다. 이때 글쓰기의 핵심은 상품이나 회사소개서와 관련된 정보는 맨 나중으로 돌리고 해당 회사의 이슈로 서문의 대부분을 장식해야 한다. 그리고 분석한 자료와 이슈를 바탕으로 자사의 솔루션을 세 가지 정도로 압축해서 개연성 있게 제시한다. 마지막으로 이에 대한 검토를 위해 의사결정이 가능한 리더와의 만남을 정중하게 요청하면 된다. 지금까지 권한의 핵심부에 파장을 일으키기 위한 방법과 사례들을 알아보았다. 모든 일이 그렇듯 한 걸음에 목표 지점까지 다다를 수는 없다. 부디 작은 파장을 여러 번 일으켜 큰 파도로 만드는 과정을 즐길 수 있기를 바란다.

2막

18

고객의 선택을 부르는
영업 차별화

고객 구매 결정 기준의 파악

필자는 1996년도에 영업이 아닌 광고마케팅 업무로 회사 생활을 시작했었다. 그곳에서는 차별화 전략이 바로바로 시장에 반영이 되었다. 가령 타깃 고객을 선정하고 전지현을 모델로 프린터 광고를 4대 매체에 집행을 하면 즉각 유통점들의 매출에 기여를 했다. 불특정 다수의 고객들이 우리의 광고 차별화 전략에 매료되어 삼성 프린터를 선택했던 것이다. 이것은 모델 차별화가 주효했다고 볼 수 있는데 예산만 확보된다면 고객 확보를 위한 아주 쉬운 차별화 전략이 된다. 이후, IMF로 조직이 분해되면서 필사는 영업부서로 전진배치 되었다. 같은 프린터를 팔아야 하는데 이번에는 타깃 고객이 개별 기업A로 바뀌었다. 그런데 구매 선택의 기준과 방법이 180도 달라졌다. 영업대표인 필자가 차별화의 기준을 직접 제시해 그들의 구매기준을 충족시켜야만 매출이 발생했다. 그들은 CF모델 전지현보다는 영업대표가 어떻게 자신들의 환경에 맞게 가격, 제품, 납기, 서비스에 관한 최적의 조건을 제시해 줄 수 있을지에 대해 더 관심이 많았다. 더욱 긴장되게 했던 건 고객이 똑같은 요청을 다른 경쟁사 영업대표들에게도 했다는 점이다. 그야말로 마케팅이 아닌 영업 차별화 전략이 꼭 필요한 순간이었다.

그렇다면 영업대표는 어떻게 개별 기업고객 A, B, C들이 자신의 제품을 선택하게끔 차별화할 수 있을까? 우선 영업대표가 제일 먼저 해야 할 일은 고객의 구매 결정 기준이 무엇인지를 파악하는 것이다. 고객이 우리의 제품을 처음부터 선택을 하고 수의계약 요청을 해오는 경우를 제외한다면 – 수의계약도 일정 부분 사전 영업활동의 직간접적 결과물로 봐야 하지만 – 대부분의 구매 전 상황은 입찰을 포함, 고객의 구매 결정 기준이 미확정된 상태다. 이는 곧 영업대표가 구매 결정 기준에 적극적으로 개입하여 자사의 제품이 선택될 수 있도록 해야 함을 의미한다. 구매 결정 기준이 파악되었다면 그 다음으로 해야 할 일은 구매 결정 기준에 부합하는 차별화 전략을 구사하는 것이다. 여기서 한 가지 알아야 할 점은 고객의 구매 결정 기준은 특별한 경우를 제외하면 언제나 변할 수 있다는 점이다. 그리고 이 과정에서 경험이 많은 노련한 영업대표는 특유의 직관을 발휘하기도 한다. 즉, 고객의 의사결정 방향을 감지하고 적극적으로 개입해 자신에게 유리한 쪽으로 유도하는 것이다.

영업 차별화의 시작은 영업대표로부터

만일, 필자가 직원복지 차원에서 회사 내에 구비할 헬스장비를 대량으로 구매하려 한다고 치자. 헬스 장비에 문외한인 필자는 우선 인터넷 검색을 통해 장비 구입처와 장비의 종류, 대략의 가격 비교를 마친 상태다. 솔직히 말해 헬스장비는 그냥 적당한 것들로 채워 넣으면 되겠지 하는 생각일 뿐이다. 현재 상태는 오로지 가격과 사이즈만이 구매 결정 기준이라고 볼 수 있다. 그런데 어느 날 뉴스를 보다가 헬스 장비의 품질 불량으로 헬스클럽을 이용하던 고객이 큰 부상을 당했다는 소식을 접했다. 그 순간 필자는 헬스 장비의 구매 결정 기준이 품질, 그중에서도 내구성 쪽으로 확 바뀌어 버렸다. 급기야 몇몇 업체의 영업대표들을 불러 회사의 환경과도 맞고 내구성도 튼튼한 제품을 선정해 달라고 요구했다. 그런데 A 영업대표는 시종일관 자사의 제품이 왜 좋은지에 대한 이야기만 강조했다. 얼마나 튼튼하냐는 질문에는 어른 20명이 한꺼번에 올라가도 무리가 가지 않는다는 등의 비과학적인 설명만 연신 해댈 뿐이었다.

반면 B 영업대표는 달랐다. 우선 공신력 있는 기관에서 측정한 다양한 브랜드의 제품별 탄소강도 수치를 종합해서 보여주었다. 나중에 알고 보니 이건 어느 제품에서나 확인할 수 있는 내용이었다. 그리고 보니 A 영업대표의 제품이나 B 영업대표의 제품이나 별 차이는 없었다. 단지 B 영업대표는 이를 재구성해 한눈에 여러 업체를 비교할 수 있도록 해준 것이었다. 그렇지만 그 차이와 결과는 컸다. 그리고 처음부터 설치할 장소를 살펴보더니 줄자로 이리저리 치수를 재가며 꼼꼼하게 노트에 적었다. 그리고 지금의 환경에서 최적의 장비 구성안을 1, 2안으로 나누어 제시해 주었다. 당연히 필자의 구매 결정 기준은 B 영업대표가 제시한 것들로 확정되었다. 놀라운 건 원래의 구매 결정기준인 가격에 의했을 경우 필자는 A 영업대표의 제품을 선택했을 것이라는 사실이다. 참고로 B 영업대표가 제시한 비용은 A 영업대표의 것보다 15%가 비쌌지만 전혀 아깝다는 생각은 들지 않았다.

영업대표의 영업 차별화를 보여주는 대표적인 예였다. 물론, 실제 대형 규모의 영업 상황에선 이처럼 단순하게 클로징이 되는 경우는 거의 없다. 하지만 여기에서 주는 시사점은 크다. 첫째, 개별 고객 A를 상대로 그들의 구매 결정 기준에 적극적으로 개입한 점. 둘째, 경쟁 제품들과의 비교 평가를 통해 고객 니즈를 극대화한 점. 마지막으로, 영업대표가 제시한 구체적인 구매 가이드라인을 통해 고객의 의사결정에 믿음을 준 점이다. 바로 이러한 과정을 통해 영업대표는 영업 차별화를 이루고 고객은 구매를 결정한다. 이런 의미에서 볼 때 B2B영업에서의 진정한 차별화는 영업대표로부터 시작된다는 말이 결코 틀리지 않다. 그럼 좀 더 구체적으로 영업대표가 어떻게 고객의 구매 결정 기준에 영향을 미치고 차별화할 수 있는지에 대해 살펴보도록 하자. 크게 보면 총 4가지의 요소로 구분해 볼 수 있다. ① 자사의 강점을 부각시키기. ② 경쟁사의 강점을 감소시키기. ③ 자사의 약점을 감소시키기. ④ 경쟁사의 약점을 부각시키기.

첫째도, 둘째도, 셋째도 차별화하라

아무래도 영업을 하면서 가장 곤란한 경우는 고객의 구매 결정 기준이 경쟁사에게는 있고 자사에는 없을 때라고 할 수 있다. 가령, 경쟁사의 제품은 가성비가 훌륭한데 반해 당신의 제품은 관련 제품군 중 가장 비싸다. 이때 당신은 어떻게 고객의 구매 결정 기준에 차별화를 줄 수 있을까? 이때에는 관점을 재정의하는 리프레이밍Re-framing 전략을 구사한다. 당신이 취급하는 제품은 분명 하나 이상의 강점을 지니고 있을 것이다. 비록 가격은 비싸지만 가장 친환경적이며 글로벌한 트렌드를 따른다고 한다면 이러한 강점을 부각시켜 고객의 구매 결정 기준에 변화를 주도록 한다. 그리고 여기에 더해 자사의 제품을 선택할 경우 가격을 포기하는 대신 돌아오는 보상을 함께 제시한다. "저희의 제품이 비록 가격은 비싸지만 곧 해외 바이어들로부터 쇄도할 엄청난 주문량을 감안하신다면 그들의(고객의 고객) 트렌드에 충족되는 제품을 선택하시는 게 훨씬 더 이익이 되실 것입니다." 이렇게 되면 자연스럽게 자사의 강점은 부각되면서 경쟁사의 강점은 감소시키는 효과를 보게 된다.

다음으로 곤란한 경우는 고객이 대놓고 자사의 약점을 들추는 경우다. "귀사의 제품은 타사에 비해 납기가 너무 오래 걸려요." 이럴 경우에는 협상을 통해 중재안을 마련하도록 한다. 가령 긴급한 물량만은 타사보다 더 빨리 대응을 해주는 식이다. 물량이 소량이기 때문에 영업대표가 조금만 신경 써주면 얼마든지 해결이 가능하다. "속도가 너무 느립니다." 하면 어떻게 할까? 이때에는 리프레이밍을 병행해 협상을 모색한다. "어떤 속도를 말씀하시는 거죠? 만 시간 이상이 넘어가면 타사의 경우 속도저하가 발생하지만 저희 제품은 그렇지 않습니다. ○○ 방식은 어떠실까요?" 이런 식으로 하면 자사의 약점을 감소시키는 효과를 볼 수 있다. 이렇듯 영업대표는 어떠한 상황에서도 당황하지 않고 유연하게 접근함이 필요한데 이는 반복적인 훈련을 통해 얼마든지 대처가 가능하다.

 마지막으로 경쟁사의 약점을 부각시키는 방법이 있다. 기술 영업 기반 입찰 수주전에서 흔히 일어나는 일로 견적서와 더불어 기술제안서 등을 제출하는 과정에 경쟁사의 약점을 은근히 노출하는 전략을 말한다. 즉, 자사는 제공 가능하나 경쟁사는 할 수 없는 어려운 구조로 – 혹은 대체할 수 없는 구조로 – 제안서를 꾸미는 것 등을 말하는데 이를 스펙인Spec-in작업이라고 한다. 이때 좀 더 집요하게 경쟁사를 밀어내고 자사의 기준으로 고객의 구매 결정 기준을 이끌어내기 위한 방법으로는 사실적 내용을 바탕으로 경쟁사의 약점을 비즈니스 레터에 작성하여 고객사 내 유관부서에 보내는 것이다. 이때 주의할 점은 절대로 특정 기업을 직접적으로 언급하지 않는 것이다. 오직 사전조사를 통해 경쟁사 대비 자사의 기술적 우위가 확실한 분야에 관한 부분만 언급한다. 그래서 항상 강조하지만 영업대표는 글쓰기를 잘해야 한다. 같은 말이라도 고객과 시장에 비추어지는 면면들을 의식하면서 자극적이지 않지만 고객으로 하여금 반드시 검토하게끔 단호하게 자신의 의견을 피력해야 한다.

 물론 이러한 방법들은 경쟁사 직원들도 쓸 수 있다. 그러나 상황은 항상 가변적이기에 영업대표는 기회가 포착되었을 때

그 기회를 놓치지 않도록 사냥꾼과 같은 집요함을 발휘해야 한다. 정리하면 고객의 구매 선택을 이끌어 내는 영업 차별화는 먼저 영업대표 스스로가 차별화의 주체임을 인식하고 다음으로는 고객의 구매 결정에 영향력을 발휘하는 다양한 전략과 전술을 상황에 맞게 펼칠 수 있어야 한다. Do it differently!

19

계약을 잘하는
영업대표는 따로 있다?

영업실적과 성격의 상관관계

흔히 개인고객을 상대로 하는 B2C영업이나 규모가 작은 소형 세일즈에서 계약을 잘 마무리하는 영업사원을 일컬어 클로저Closer라 하고 그러한 영업행위를 클로징Closing이라고 한다. 한마디로 고객과의 계약을 잘 종결 짓는 역량을 말하는데 영업 프로세스 중 매우 중요한 역량임에도 생각보다 어려워하는 영역이라 클로징을 잘 못하는 영업사원들이 많다. (편의상 B2C영업자를 영업사원으로, B2B영업자를 영업대표로 구분해 표기한다.) 그런데 클로징을 잘하는 영업사원들의 성향을 보면 대체적으로 성격도 밝고 적극적이며 말을 잘한다. 그렇디면 기업을 상대로 하는 비교적 대형 규모의 B2B영업에서는 어떨까? 결론부터 말하면 이러한 성향의 영업대표들은 클로징에 별 도움이 안 된다. 심한 경우 다 만들어 놓은 영업 기회 자체를 날려버릴 수도 있다. 그에 대한 근거로 SPIN 세일즈의 주창자인 닐라컴의 연구들 중에는 클로징 기술의 효과성과 구매 결정 규모 사이의 상관관계를 조사한 것들이 있는데 주로 소형 규모의 세일즈에선 외향적이고 적극적인 클로징이 효과를 보았지만 대형 규모의 세일즈에서는 그러한 클로징이 오히려 세일즈 성공률을 낮추는 것으로 나타났다.

고백하건데 필자는 방금 전 말한 영업 성과와 관련된 영업대표 성격에 관한 연구결과들이 나오기 전까지 꽤 오랜 시간 많은 오해와 의문을 품고 있었다. 그래서 한때 속으로는 샌님 같은 영업대표들을 보면서 '저들이 영업을 제대로나 할 수 있을까?', '영업계약을 잘하려면 아무래도 성격이 적극적이고 외향적이어야 하지 않을까?' 하는 생각을 하곤 했다. 남들과 크게 다르지 않은 고정관념이었다. 그런데 이러한 고정관념들이 서서히 깨지기 시작한 건 큰 계약건들을 쏙쏙 마무리 짓는 동료 선후배들 중 상당수가 내성적이며 말수가 없다는 사실을 깨달은 후부터였다. 그렇다면 왜 이들은 우리가 아는 전형적인 영업적 성격을 가지고 있지 않음에도 이렇듯 성공적인 클로징을 잘할 수 있었던 걸까? 우선, 펜실베니아대학교 와튼스쿨의 경영학 교수이자 미국 최고의 사회심리학자 가운데 한 사람인 아담 그랜트[Adam

Grant 교수의 연구를 살펴볼 필요가 있다. 세일즈와 관련한 그의 연구에서도 최소한 외향적인 사람들이 영업 실적과 큰 상관관계가 없음이 밝혀졌기 때문이다.

그랜트는 콜센터를 운영하여 상품을 판매하는 소프트웨어 회사에서 자료를 수집했는데 그의 연구결과에 의하면 외향적인 영업사원이나 내향적인 영업사원이나 영업 실적에 있어서 신통치 않았던 것에는 별 차이가 없었다는 것이다. 그런데 주목해볼 것이 하나 있었는데 외향성과 내향성 두 성향을 모두 가진 양향적인 영업사원의 실적이 가장 높게 나왔다는 점을 들 수 있다. 이는 중도적인 성향의 사람들이 어느 한쪽으로 치우쳐지지 않는 균형감을 가지고 있기 때문이라고 그는 설명했다. 또 다른 연구로 하버드 비즈니스 리뷰에서는 영업 전문가들을 대상으로 2건의 연구를 실시했는데 여기에서는 사교성이 평균보다 낮은 사람들의 실적이 가장 좋게 나왔으며 오히려 사교성이 평균보다 높은 그러니까 외향적인 사람들의 실적이 종종 가장 낮게 나왔다고 말했다. 그리고 부연하기를 외향적인 사람들의 경우 말이 너무 많고 상대에게 귀 기울이지 않아 타인의 관점을 이해하는 능력이 떨어진다고도 했다. 즉, 주장을 해야 할 때와 기다려야 할 때의 적절한 균형을 맞추지 못해 지나치게 강요하는 사람으로 비춰지고 고객들을 도망치게 만든다는 것이다. 상식적으로도 이해가 가는 대목이다.

고객의 불안을 신뢰로 전환시키는 경청

그렇다면 우리는 이러한 결과들을 바탕으로 이 정도의 유추
는 가능해졌다. 즉, '내성적이며 말수가 없는 영업대표들이 대
형 세일즈에서 클로징을 잘하는 이유는 대체적으로 균형감을
가지고 고객의 말을 진지하게 경청하기 때문이다.' 이제 남은
과제는 이러한 성향을 가진 영업대표들이 왜 하필 클로징 단계
에서 유독 빛을 발하는지에 대해 알아볼 필요가 있는데 그것
은 바로 대형 세일즈의 가장 큰 특징 중 하나인 구매 계약 전 발
생하는 고객의 불안 심리를 잘 관리하는 데에 있다. 만일 당신
이 회사에서 대량의 컴퓨터를 교체하는 임무를 맡은 구매담당
자라 하자. 우선적으로는 호환성을 고려하여 웬만하면 기존 업
체와의 연장계약 진행을 생각하고 있지만 노후화된 컴퓨터의
보상판매 조건이 우수하다면 공급업자의 교체까지도 고려하고
있다. 그래서 몇몇 예비 공급업자들로부터 기술사양서와 견적
서를 받았고 여러모로 좋은 조건을 제시한 신규 공급업체와 계
약하기로 거의 가닥이 잡혀 졌다. 그런데 당신은 최종 구매 계
약을 앞두고 여러 가지 걱정거리가 하나 둘 생겨나기 시작한다.
"그냥 기존 업체와 재계약하는 게 낫지 않을까?", "새로 바뀐

업체의 담당자는 처음만 잘하다가 시간이 지나면 불성실해지는
건 아니겠지?", "나중에 기존 업체를 왜 바꾸었냐고 위에서 뭐
라 하면 어쩌나" 등 쓸데없는 생각들에 사로잡히게 된다.

급기야 당신은 조만간 있을 조직변경을 앞두고 컴퓨터 구매
일정을 연기하는 것까지 고려한다. 대량 구매에 대한 책임도 덜
수 있고 무엇보다 혹시 모를 구매 이후에 발생될 직원들의 불만
으로부터도 자유롭다. 이러한 상황들은 실제 구매현장에서 종
종 발생하는 일이다. 대다수의 대형 계약을 앞둔 구매자들은 구
매에 따른 내부적인 크고 작은 위험에 노출되어 있기 때문이다.
다만 영업대표의 눈에만 보이지 않을 뿐이다. 그래서 섬세하고
노련한 영업대표는 최종적인 구매를 앞둔 고객에 대해 더욱 세
심한 관찰을 기울인다. 필자의 경우에도 최근 이와 비슷한 경험
을 한 적이 있었는데 다행히도 해당 담당자가 솔직하게 자신의
불안 요소를 말해주어서 더 좋은 결실을 맺을 수 있었다. 이런
경우는 매우 긍정적인 케이스에 해당하지만 드물게 나타나며
그렇기에 경험 많은 영업대표들조차도 고객의 불안 징후를 놓
치는 경우가 많다. 한 가지 확실한 것은 공급업체에 대한 신뢰
가 없다면 고객은 솔직하게 자신의 불안을 털어놓기가 어렵다
는 것이다.

고객과의 섬세한 교감을 나누는 능력

고객은 보통 심리적으로 구매를 미루고 싶을 경우 다양한 형태로 불안 신호를 보내온다. 대표적으로 나타나는 징후가 뚜렷한 이유나 해명 없이 구매 일정을 연기하는 것이다. 일정을 연기하는 이유에 대해 물어도 돌아오는 답변은 내부 사정이라며 에둘러 표현한다. 다음으로 가장 잘 구별해야 하는 것이 가격에 대한 저항이다. 실제 저항일 수도 있고 아닐 수도 있기 때문이다. 구분하는 방법은 문제 제기한 가격 저항이 터무니없는 경우가 아니라면 있는 그대로 받아들여라. 만일 받아들이지 못할 경우엔 고객이 결국 구매를 포기하게 될 것이다.

이외에도 만남을 기피하거나 요청한 정보 제공을 꺼리는 경우도 있다. 이때 우리가 꼭 알아야 할 것은 이러한 모든 불안요소가 최종 구매 계약 전 발생할 수 있는 고객의 심리문제인 것이지 실제 문제가 아니라는 점이다. 그렇기에 영업대표가 섣불리 문제를 해결하려고 적극적으로 개입하려 할 경우 오히려 역효과가 날 가능성이 높다. 고객에게 압박감을 준다면 결국 고객으로 하여금 반발심과 거부감을 유발할 가능성이 있기 때문이다. 즉, 상대는 뒷걸음질치고 싶은데 "제 생각에는 지금 발주를 해야 상반기 안에 세팅이 완료됩니다." 하는 식일 경우가 그렇다. 굳이 필요하다면 조심스럽게 구매 지연의 이유를 묻는 게 차라리 낫다. 하지만 그것도 이 단계에서 구매를 일으키는 특효약이 될 가능성은 높지 않다. 그렇다면 이러한 신호들에 대해 근본적으로 대처할 방법은 없는 걸까?

이 부분이 생각보다 어렵다. 독자들에게 다소 힘 빠지는 소리로 들릴 수도 있겠지만 최종 구매 계약 전 고객의 불안 요소를 최소화하기 위해선 그 무엇보다 영업 초기부터 고객과의 신뢰관계를 잘 구축해 놓아야 한다. 그리고 신뢰관계 구축에 필요한 핵심적 요소는 영업대표가 고객의 말에 진실되게 공감해주고 진지하게 귀 기울여주는 감정적 배려에 달려있다. 이는 너무 적극적이고 스마트하기만 하며 말이 많고 경청하지 않는 영업대표가 감당하기엔 매우 어려운 숙제일 수 있다. 그렇기 때문에 세일즈의 사이클이 길고 구매 전후를 포함한 내부적 위험이 큰 대형 B2B영업에선 영업대표의 섬세한 태도가 최종 구매 결정에 긍정적인 영향력을 미친다고 봐야 한다는 것이다. 결국, 고객은 자신에게 집중해주는 사람, 즉 진실되며 믿음이 가는 영업대표에게 지지를 보내기 때문이다. 이런 의미에서 볼 때 개인적으로는 전문가 영업대표의 이상적인 모델이 '다양한 캐릭터의 연출이 가능한', '섬세한 고객의 주치의'에 가깝나는 생각이다.

영업단계별 고객 대응 전략

생각해 보자. 영업초기에 새로운 고객과의 첫 접촉이 시작될 때에는 영업대표의 모습이 내향적이면 곤란하다. 통찰을 담아 자신 있게 자신의 전문가적인 견해를 제시할 수 있어야 하기 때문이다. 다음으로 본격적인 영업 상담이 시작될 때에는 고객의 니즈와 문제를 잘 듣고 파악해 이를 확장하고 파장을 일으킬 수 있는 차별화된 솔루션을 제시해야 한다. 이때에는 이성과 감성을 넘나드는 냉철함과 따뜻한 인간미를 동시에 보여줄 필요가 있다. 이 밖에도 예상치 못한 고객의 요구나 질문에는 당황하지 않고 단호하게 대처해야 하며 또 창의적으로도 문제를 해결해 줄 수 있어야 한다. 종합적으로 봤을 때 영업대표는 영업초기 단계에서 클로징 단계로 갈수록 과감하고 적극적인 자세로부터 시작해 진실되게 공감하고 진지하게 귀 기울이는 태도로의 단계적 심화가 필요해 보인다. 그리고 섣불리 문제를 해결하기 위해 적극적으로 개입하는 것에도 주의할 필요가 있다.

그렇기에 고객의 최종 구매 단계 전후에 나타나는 고객의 불안 증상은 대응의 영역이라기보다는 영업초기에 영업대표가 제대로 역할 수행을 하지 못한 관계로 나타난 결과물로 봐야 한다. 이 장을 소개하면서 다소 불편했던 점은 명쾌한 대응 방법을 독자들에게 전할 수 없음이었다. 유감스럽지만 그것이 이

장의 특징이기도 하다. 정리하면 클로징 단계에서 계약으로 잘 이끄는 영업대표의 성격 유형은 분명히 존재한다. 그것은 곧 균형감을 가지고 고객의 말을 진지하게 경청하며 말수는 적으나 세심하고 배려가 넘치는 유형으로 요약된다. 그리고 이러한 성격유형은 클로징 시점이 아닌 영업초기 고객과의 사이에서 맺어지는 신뢰구축 과정에서부터 적지 않은 영향력을 미친다고 볼 수 있다. 자신감과 섬세함을 동시에 보여주는 것은 얼마든지 가능한 일이다. 신뢰의 핵심은 고객에 대한 영업대표의 진심어린 관심과 귀 기울이는 경청의 자세에 달려 있는데 이것을 잘할 수 있는 영업대표라면 고객은 스스로 당신에게 불안 요소를 미리 고백하고 최종적인 구매 계약을 요청해 올 것이다.

20

최종 계약을 위한
마지막 관문 '협상'

영업대표가 협상을 잘하지 못하는 이유

앞서 살펴본 클로징 단계가 원활하게 작동되었다면 당신은 협상이라는 껄끄러운 과정을 마주하지 않아도 될 것이다. 하지만 구매 프로세스의 복잡도 및 거래 규모가 큰 대형 세일즈일수록 협상은 피할 수 없다. 협상은 가격을 포함하여 납기, 서비스, 유지보수 등에 관한 양자 간의 이견을 조율하여 합의를 이끌어내는 과정을 말한다. 기업영업에서 협상은 영업상담과 구분된다. 핵심만 살펴보면 우선 영업상담은 영업의 부가가치를 끌어올리는 영역에 주로 해당하고 협상은 양자 간에 발생한 장애물을 극복하여 이행이 가능한 상태로 만드는 것에 해당한다. 그래서 보통 협상은 불편하다. 현실적으로는 어느 한쪽의 양보가 따라줘야 하기 때문이다. 그리고 양보하는 쪽은 을의 위치에 있는 경우가 대부분이다. 그래서 으레 대한민국이 미국과의 무역통상 협상이 끝나고 나면 국내 이해관계자들의 대규모 데모들을 TV에서 자주 접할 수 있었던 것이다.

기업대상 영업에서도 이와 같은 상황은 자주 발생한다. 그런데 문제는 영업상담을 잘하는 영업대표가 항상 협상을 잘하는 것은 아니라는 점이다. 왜 그럴까? 첫째는 협상에 대한 이해 부족이고 둘째는 훈련의 부족 때문이다. 하나씩 살펴보자. 먼저 협상에 대한 이해 부족은 대체적으로 영업대표의 상황적 대처와 기질에 기인한다. 여기서 말하는 상황적 대처와 기질이란 해당 영업 프로젝트의 원만한 계약 체결을 위해 영업대표는 처음부터 양보 모드로 세팅되어 있는 경우가 많다는 걸 의미한다. 그러다보니 대체적으로는 가격 이슈가 많지만 가격 이외의 이슈에 대해서도 면밀한 검토가 이루어져야 함에도 불구하고 그렇지 못한 상태에서 협상에 임하는 경우가 많다. 이는 곧 가격에 대해 무조건 양보를 하게 되는 안 좋은 협상을 초래하게 만든다. 이런 경우는 한마디로 사용할 패가 부족해서 벌어지는 경우라고 할 수 있다. 영업컨설팅 회사 허스웨이트의 한 연구에 의하면 가격문제로 고객이 구매를 거부헤 세일즈가 실패한 50가지 사례를 분석해보니 이 중 32가지 사례에서 가격은 부차적인 문제였고 실제 이유는 해결되지 않은 다른 요소들의 '불안'이었음이 밝혀졌다.

협상을 잘하기 위한 세 가지 전략

가격 협상을 위한 전략의 부재는 더 심각하다. 전문가 영업 대표는 바로 이 지점에서 평범한 영업대표와의 차이를 극명하게 나타낸다. 여러 가지 차이가 있겠지만 크게 세 가지로 압축을 한다면 다음과 같다. ① 시나리오 전략 ② 질문 전략 ③ 재확인 전략이다. 먼저 시나리오 전략은 상호 윈윈할 수 있는 협상 진행 단계별 전략을 말하는데 필자는 이를 음악 용어를 따서 크레센도(점점 세게), 데크레센도 전략(점점 여리게)이라고 명명한다. 전개 과정을 살펴보자. 협상 초기에는 합의하기 쉬운 편안한 안건으로 시작한 다음 시간이 갈수록 합의하기 어려운 안건을 가지고 열띤 공방을 이어간다. (크레센도) 갈등 수위가 가장 높은 정점에 이르게 되면 결국 교착 상태에 빠지게 되는데 이때 전문가 영업대표는 어쩔 수 없다는 듯이 숨겨 두었던 히든카드를 제시해 교착된 협상을 급 반전시켜 협상을 종결한다. (데크레센도) 여기서 사용한 히든카드는 양보의 형태로서 갈등의 최대치인 절정의 순간에 사용했을 때 그 효과가 가장 크다. 왜냐하면 상대는 생각지도 못했던 양보를 이끌어냈다는 기쁨에 더 이상의 무리한 요구를 중단하게 되고 제시한 쪽은 이미 확보된 가격 마진의 안전지대(손해를 보지 않는 가격 영역) 안에서 마무리했다는 성취감을 맛보게 되기 때문이다.

　그래서 많은 협상 전문가들은 협상을 할 때 가급적 늦게 그리고 작게 하라고 주문한다. 그런데 세일즈와 협상을 명확히 구분하지 못하면 자칫 계약에 눈이 멀어 협상이 시작되기도 전에 고객의 요구 사항을 대부분 들어주게 된다. 이렇게 되면 영업대표는 사용할 패가 거의 소진이 되어 고객과의 협상이 진행되면 될수록 난감해진다. 양보한 만큼 고객이 고마워하는 것이 아니라 양보의 폭이 이미 학습되어 더 큰 요구를 해올 수 있기 때문이다. 이럴 경우 협상 결과의 질은 떨어지고 영업대표는 의욕을 잃게 된다. 하지만 처음부터 크레센도·데크레센도 전략을 고려하고 협상에 임하면 고객의 양보가 먼저 나오는 경우도 많다. 이것은 시나리오를 가지고 접근한 쪽이 심리적 우위에 있기 때문인데 우리의 일상 가운데에서도 이런 일들은 흔하게 벌어진다. 가령 아이에게 용돈을 줄 때에도 십만 원을 줄 수 있지만 제한선을 5만원으로 두고 아이와 설전을 벌이다 - 5만 원도 안 주는 상황으로 몰고 가다가 - 7만 원이나 8만 원 선에서 합의를 하게 되면 아이는 내심 다행스럽게 여기게 된다. 그리고 다음부터 아이는 무리한 인상요구도 하지 않는다. 즉, 우리 부모에게 10만 원 단위의 인상요구는 꿈도 꾸지 못할 일이라는 일종의 학습효과가 생겨났기 때문이다.

성공 협상을 위한 다양한 대응 전략

물론 이렇게 원활한 협상이 되기 위해선 세일즈 단계에서 고객의 구매 결정 기준을 충족시켰거나 협상을 위한 다른 구매 결정 기준은 없는지에 대한 충분한 정보가 있어야 한다. 이때 필요한 것이 두 번째 질문 전략이다. 질문의 중요성은 몇 번을 강조해도 지나치지 않을 만큼 영업에 있어서 가장 중요한 요소다. 결론부터 얘기하면 세일즈의 영역에서나 협상의 영역에서나 질문의 쓰임새는 비슷하다. 다만 약간의 차이점을 권투로 비유한다면 공격형 인파이터 복싱에 가까운 것이 세일즈 질문이고 수비형 아웃복싱에 가까운 것이 협상의 질문이라고 이해하면 좋을 듯싶다. 여기서는 협상 위주의 질문을 위주로 이야기하고자 한다.

방금 말한 대로 아웃복싱에 해당하는 협상에서의 질문은 불편한 안건을 놓고 서로 간의 입장차가 발생했을 때 이를 해결하거나 적어도 돌파구를 마련하는 도구로서 최고의 효과를 낼 수 있다. 가령, 고객사가 첨예한 문제에 대해 집요하게 인파이터 형으로 주장해 올 경우 여러분이라면 어떻게 대응하겠는가?

주장 대 주장은 크레센도 과정에서 꼭 필요하지만 협상의 판세를 전환해 우리 쪽으로 주도하기 위해선 다음과 같은 질문을 하는 것이 좋다. "요구하시는 가격을 다른 서비스 지원을 통해 더 큰 혜택으로 맞추어 드리는 것에 대해선 어떻게 생각하시는지요?", "혹시, 가격 이외에 저희에게 바라시는 다른 요구사항은 없으신지요?" 이런 질문은 방어형의 형태를 띠고 있지만 자세히 보면 관점을 바꾸어 고객에게 선택의 폭을 넓게 해 주는 효과가 있음을 알 수 있다. 이것도 일종의 리프레임 전략의 하나로 볼 수 있다.

그럼에도 불구하고 고객이 끝까지 자신들의 입장을 고수해 온다면 어떻게 해야 할까? 그때는 주장의 내용을 곰곰이 생각해 봐야 한다. 즉, 바로 답변을 하지 않은 채 지금 고객이 주장하는 내용이 상식적인 수준을 넘는 것인지 아닌지를 판단해야 한다. 만일, 그 주장이 보편적인 상식에 반한다면 이렇게 질문해 본다. "지금 주장하시는 내용이 저희가 충분히 제공할 수 있는 수준의 내용이라고 생각하시나요?", "저희도 그렇게 도와드리고 싶은데 현실적으로 이 거래가 성사되려면 저희가 어떻게 하면 좋을까요?" 이러한 질문을 해야 하는 이유는 첫째, 상대의 의도가 진짜 해당 이슈인지 아닌지를 파악할 수 있게 해주고 둘째, 상대에게 주도권을 넘김으로써 생각할 시간을 확보할 수 있기 때문이다. 경우에 따라 지금의 쟁점과는 살짝 비껴간 세일즈 질문을 해도 괜찮다. "궁금한 게 있는데요, 혹시 이번 시스템의 도입 시기가 다소 늦어진다면 회사에는 어떠한 영향을 미치게 될까요?" 듣기에 따라서는 약간의 으름장처럼 들릴 수도 있는데 정중하게 오해 없이 전달이 이루어지면 의외의 정보를 얻고 협상을 재정비하는 시간을 확보할 수도 있다. 원래 이러한 질문은 세일즈 단계에서 고객의 문제점을 밝혀 구매 결정 기준을 개발할 때 쓰는 것이지만 다시 한번 이 질문을 함으로써 분위기를 환기시키는 효과를 볼 수 있다. 즉, 고객으로 하여금 이 협상을 왜 성공적으로 마무리해야만 하는지에 대한 목적의식을 상기시켜 주게 된다.

협상에서도 너무 중요한 '질문'

질문은 너무나 중요해서 활용하는 영역이 참으로 많다. 영업 활동의 거의 전부라 해도 과언이 아니다. 그래서 필자는 강의 현장에서 영업은 항상 질문 비즈니스임을 강조한다. 그런데 일반적으로 영업대표들이 세일즈에서는 그런대로 질문을 곧잘 하는데 반해 협상에서는 질문을 잘 하지 못한다. 하더라도 머뭇거리게 된다. 그 이유는 불편한 분위기를 못 이기는 영업대표들의 착한 기질 때문이다. 정보를 획득하기 위한 세일즈 질문은 준비만 잘하면 비교적 편안한 분위기가 연출되지만 협상을 위한 질문은 설사 준비를 잘했더라도 상황에 따라 분위기가 험악해질 수도 있기 때문이다. 하지만 이는 협상을 성공적으로 이끄는 마지막 관문과도 같기에 반드시 극복해야만 한다. 마지막 재확인 전략 역시 질문으로 완성된다. 여기서의 질문은 양자 간의 협상 안건 중 누락되거나 간과된 측면은 없는지를 재확인하는 것이다. "지금까지 논의한 내용을 제가 이해한 바대로 말씀드리면 … ○○이 맞습니까?", "제가 이해하기로는 이러한데 고객님께서도 동의하시는지요?" 이러한 재확인 질문은 협상에서 놓치기 쉬우나 생각보다 중요한 마지막 절차가 된다. 협상의 목적이 단순한 합의가 아닌 이행될 합의를 전제로 하기 때문이다. 특히, B2B에서의 거래는 시스템 도입 이후에 벌어지는 고객의 클레임 등으로 문제가 될 소지가 크기 때문에 반드시 재확인 질문을 통해 문서로 남겨야 한다.

협상을 잘하고 싶다면

끝으로 영업상담을 잘하는 영업대표가 협상도 잘하기 위해선 별도의 훈련이 수반되어야 함을 강조하고 싶다. 영업경험이 많은 베테랑 영업대표들은 오랜 시간 시행착오를 겪으면서 협상의 기술이 대부분 향상된다. 하지만 영업경험이 짧은 영업대표들은 많은 훈련을 통해 협상 역량을 끌어올려야 한다. 전문가 영업은 영업경험이 많다고 잘하거나 영업경험이 짧다고 못하는 영역이 결코 아니다. 해당 분야에 대한 전문성을 바탕으로 올바른 태도와 영업 단계별 기술을 연마한다면 영업경험과 상관없이 상당한 수준에 다다를 수 있다. 최근엔 협상에 관한 전문적인 강좌들이 많아졌다. 필자도 한때 협상교육 회사에서 일하며 정통 협상교육을 받아 봤었는데 유익하긴 했으나 영업활동을 하는 데 있어서 굳이 배우지 않아도 될 내용이 많다는 생각이 들었다. 그래서 가능하다면 다양한 영업 상황을 가정해 동료와 함께 롤 플레이를 많이 할 것을 추천한다. 하다 보면 재미도 있고 요령도 생긴다. 협상은 영업상담과 마찬가지로 실전을 통해 감이 생기고 역량이 향상되는 영역이다. 필자가 말한 ① 시나리오 전략 ② 질문 전략 ③ 재확인 전략만 잘 준비해도 실전에서 크게 당황할 일은 없을 것이다. 지금 해야 할 일은 그저 철저하게 준비하고 열심히 훈련하는 것뿐이다.

21

끝날 때까지
끝난 게 아니다

고객 관계관리의 끝은 어디일까

미국 프로야구사에서 가장 위대한 포수로 평가받는 요기 베라. 그는 1940년대 후반부터 1950년대를 명문 구단 뉴욕 양키스에서 보내면서 우승 반지만 10개, 15회 올스타, 3번의 MVP 수상의 영예를 안았다. 그런 그가 남긴 말 중 '끝날 때까지 끝난 게 아니다'(It's ain't over till it's over)는 그의 선수시절 업적만큼이나 오늘날 세간에 많은 화제가 되고 있다.

야구에서 정규 이닝이 9회까지인데 결과는 모르니 끝까지 최선을 다하자는 의미이다. 그렇다면 기업영업에서 정규 이닝은 어디까지일까? 최종 협상을 마무리하고 계약서에 사인을 한 순간일까? 아니면 제품이나 시스템이 납품되고 고객이 만족해하는 순간일까? 그것도 아니면 제품에 불량이 생겨 A/S가 이루어지는 순간일까? 관점에 따라 정답은 크게 두 가지로 나뉜다고 볼 수 있다. 하나는 고객관리의 측면에서 보는 경우로 제품의 납기가 완료된 후 대금이 입금된 시점을 정규 이닝으로, A/S가 발생되는 시점을 연장전으로 보는 것이다. 나머지 하나는 고객 개발의 측면인데 이때에는 끝이 없는 정규 이닝이 계속해서 펼쳐진다고 보는 것이 맞다. 즉, 고객과의 거래가 중지될 이유가 없는 한 CRM(Customer Relationship Management : 고객관계관리)의 끝은 이론상 존재하지 않는 것이다.

그런데 많은 영업대표들 그리고 영업조직들이 CRM의 중요성을 머리로는 알면서도 실제 행동에서는 단기 매출에 급급한 나머지 잘 이행하지를 못한다. 더 큰 문제로 CRM의 출발점이 고객과의 계약에 의거 제품이 인도되는 순간부터 이루어지는 것을 감안하면 전문가 영업대표와 일반 영업대표의 차이도 이 지점에서 갈린다고 볼 수 있다. 전문가 영업대표는 계약이 성사된 직후부터 제품이나 솔루션의 안정화가 이루어지는 시기까지는 물론 별다른 거래가 발생하지 않는 기간에도 주기적인 고객 터치를 게을리하지 않는다. 가령, 정기적인 온·오프라인 교육이나 행사 프로그램에 참여를 유도하거나 동참하는 것 등이다. 업종과 업태에 따라 다 다르겠지만 보통 자연발생적으로 고객의 이탈이 연간 10~20%가 발생된다고 한다. 이는 결국 새로운 고객 10~20% 이상을 매해 확보해야 한다는 뜻인데 신규 고객 확보가 기존 고객 관리에 드는 비용의 평균 5배 이상 소요된다는 것은 주지의 사실이다.

B2B CRM의 성패는 영업대표에게 달려있다

CRM영업에 관한 한 유통 영업을 빼놓을 수 없다. B2B영업 하면 으레 직거래 형태의 영업으로만 국한하기 쉬운데 과거의 관계영업이 가진 부정적인 요소만 빼면 많은 영업대표들이 유통 영업에서 배울 점이 의외로 많다. 그리고 유통 영업을 한다고 해서 직판 영업을 안 하는 것도 아니다. 필자의 경우 IT 유통영업을 하면서 직판 솔루션 형태의 영업도 많이 진행했었다. 가령 관리하는 대리점 사장님들과 함께 시장을 개발하는 경우다. 대리점이 새로운 시장을 개발할 때는 본사 영업대표의 적기 지원이 중요한데 특히, 대형 IT 장비가 최종 고객에게 납품되는 전후로 섬세한 고객터치를 필요로 한다. 고객은 계약서에 사인을 하기 전후로 많이 불안해하기 때문이다. 비용도 비용이지만 설치 이후에 발생되는 여러 장애에 대한 우려가 더 크다. 계약서에 아무리 꼼꼼하게 약정이 맺어져 있다고 하너라도 실제 현실에서의 대응은 경험한 바가 없기 때문이다. 그래서 B2B영업에서 고객의 구매 결정 최우선 순위가 영업대표에게 달려있다고 하는 건 제품의 구매 이전보다 이후에 벌어지는 문제를 더욱 고려한다고 보는 게 현실적으로 맞다.

유통 영업이든 직판 영업이든 유통과 직판을 포함한 그 어떠한 형태의 솔루션 영업이든 고객과의 계약 이후 관계관리는 너무나 중요하다. 김영란법, 주 52시간 근무제, 코로나19 등으로 인해 고객과의 물리적인 관계증진이 어려워지기는 했으나 영업의 본질은 무에서 유를 창출하는 것과 고객과의 지속적인 관계관리에 있다. 그리고 관계관리의 핵심은 영업대표가 고객과의 시간을 어떻게 보내는가에 달려 있다. 이것은 디지털 영업환경에서도 동일하게 적용된다. 웃픈 현실이긴 하지만 화상 미디어를 앞에 두고 술잔을 기울이며 대화를 나누는 모습이 자연스런 미래의 영업 환경이 될지도 모를 일이다. 하지만 어떠한가? 그 형식과 방법만 바뀔 뿐 영업의 본질은 변하지 않을 것이다. 제품과 시스템이 고객에게 인도되고 운용이 되는 순간부터 영업대표가 주기적으로 고객개발에 힘써야 하는 또 하나의 중요한 이유는 경쟁사의 진입을 막기 위함이 크다. 과거에는 고객과의 술잔을 기울이는 횟수만큼 경쟁사의 진입이 어려웠다. 이 과정에서 무리한 접대나 영업비용이 발생하는 폐단이 있긴 했다. 하지만 적정 수준의 접대는 오히려 건강한 관계형성을 유지하는 데 도움을 주고 경쟁사를 배제시키는 효과를 낳는다. 고객의 니즈를 채워주고 문제를 해결하는 가치제공에서 따라오는 관계형성은 하나의 보상이자 또 다른 무기가 된다. 이것이 영업의 묘미이기도 하다. 관계영업으로 모든 영업의 문제를 해결할 수 있으리라는 마인드가 문제인 것이지 관계영업은 지금도 그렇고 앞으로도 중요하다.

지속가능한 고객 관계관리 영업

동기 급강하란 말을 들어 보았는가? 고객이 제품을 구매한 이후 얼마 지나지 않은 시점에서 제품 이용에 대한 불편과 불만이 쌓이는 시점을 말한다. 이것은 익숙하지 않음에서 오는 것과 상관이 있는데 이 과정에서 영업대표의 관심과 고객터치가 있을 경우 고객의 동기는 급상승을 탄다. 반대로 얘기하면 이 시점에서 영업대표의 섬세한 고객터치가 없을 경우 고객은 향후 다른 경쟁사를 고려할 가능성이 높아진다. 기업영업의 또 다른 특징은 이러한 섬세한 고객터치가 추가 매출로 연결될 가능성이 높다는 점이다. 왜냐하면 비슷한 유형의 고객들은 서로 정보를 나누는 경우가 종종 있는데 이 과정에서 해당 영업대표와 솔루션을 칭찬하고 추천이 이루어지기 때문이다. 반대로 영업대표가 적극적으로 추천을 요구할 수도 있다. 가급적이면 발생하지 않아야 하지만 피할 수 없는 고객의 클레임 처리 과정에서도 영업대표의 명암이 나누어진다. 일반적인 영업대표는 고객의 클레임을 귀찮게 여기고 피하려 하지만 전문가 영업대표는 고객의 클레임을 기회로 여기고 적극적으로 대처해 나아간다. 이러한 대처는 고객에게 깊은 신뢰를 주기에 충분하다. 치명적인 제품의 결함이 주는 고객의 불편이 공급사의 이미지 추락과 재계약 불가로 이어질 수는 있지만 해당 영업대표의 성실하고도 진정성이 담긴 대처는 고객을 오히려 감동시킬 수가 있다. 공급사의 조직 내 매뉴얼 대응이 터치할 수 없는 영역을 - B2B영업에서도 감성적인 영역이 중요하다 - 오직 영업대표만이 최대한 커버할 수 있기 때문이다.

그래서 원래 영업대표는 프로 스포츠맨과 비슷한 속성을 지닌다. 팀은 패배해도 선수는 빛나서 얼마든지 더 많은 연봉을 받고 다른 팀으로 갈 수도 있기 때문이다. 그렇다면 이제 마지막 남은 과제는 어떻게 고객개발을 지속적이고 효과적으로 수행할 수 있느냐의 문제로 귀착된다. 이것은 의외로 간단하다. 앞에서 필자가 얘기한 전문가 영업의 다양한 수행활동들을 새로운 사이클로 반복해 가면 된다. 즉, 새로운 연애를 하듯이 새로운 관점으로 새롭게 접근해 들어가는 것이다. 다만 한 가지 추가되는 것이 있는데 그건 바로 히스토리 관리다. 필자의 경험상 고객사의 담당자나 리더들은 대략 50% 정도가 3~7년 단위로 교체된다. 이것은 무엇을 의미하는가? 당신의 성공적인 영업 히스토리가 그들에 의해 가려질 수도 있다는 얘기다. 물론 제대로 된 고객사의 경우 업무 인수인계 과정에서 만남을 동반한 해당 영업대표의 히스토리 관리가 전달되어지기는 한다. 하지만 그들의 업무 품의서에는 자신들이 달성한 업무 성과 위주로 정리되어 소통되어질 뿐 당신의 존재는 기재되지 않는다. 그렇기 때문에 전문가 영업대표는 성공 히스토리 관리를 반드시 문서로 작성해 보관하고 고객, 영업대표 자신, 자사(상사) 이렇게 3개 포지션의 이해관계자들과 문서로써 공유해야 한다. 이렇게 하면 설사 고객사의 잦은 조직개편에도 끄떡없다. 남는 건 히스토리가 담긴 문서이기 때문이다. 제품의 재구매나 계약의 연장 여부 등에서 경쟁사를 배제시킬 수 있는 힘은 바로 여기에 달려 있다. 안일하게 대처하지 말고 고객 구매 이후의 영업활동을 부지런히 하라. 그리고 반드시 문서로 근거를 남겨라. B2B 전문가 영업에 있어 정규 이닝은 없다.

B2B,
'찐'영업으로
승부하라!

SALES EXPERT ORGANIZATION

좋은 영업관리자를 넘어 전문가 영업관리자로

B2B 전문가 영업조직 역량 강화(영업관리자 편)

22

이제 우리에게도
전문가 영업관리자가 필요하다

열심히만 일하게 하는 영업관리

김 팀장은 PC를 제조하여 영세 자영업자 위주로 납품하는 소규모 제조 유통회사의 영업관리자다. 참고로 김 팀장이 관리하는 영업팀의 월별 판매고는 약 500여 대에 달한다. 그런데 어느 날 사장님께서 이런 제안을 한다. "김 팀장, 영업사원을 몇명 더 뽑아서 훈련시키면 월에 몇 배는 더 팔 수 있지 않을까? 인건비도 충분히 뽑으면서 말이야." 김 팀장은 기다렸다는 듯이 채용 공고를 낸 후 적당한 사람들을 뽑아 반나절 동안 영업 교육을 실시한다. 하루에 콜드콜 30회 이상, 일주일에 고객 면담 5회 이상, 월 계약 200대 이상 등 영업사원별 활동관리 계획도 세워 할당한다. 영업사원들은 다음날 출근하자마자 현장에 바로 투입되어 영업활동을 시작했다. 영업경험이 거의 없던 친구들이었지만 성실하게 전화도 하고 열심히 발품을 팔며 영업활동을 전개했다. 그래서일까 불과 보름만에 신규 고객과의 만남들을 성사시키더니 첫 달에만 둘이 합쳐 100여 대에 가까운 판매고를 달성한다. 기대 이상이다. 그런데 웬일인지 시간이 갈수록 이들의 판매가 영 신통치 않게 되자 김 팀장은 영업사원과 함께 고객사를 동행방문한다.

콜드콜 숫자나 전화 응대 방식은 회사에서 관찰이 가능하여 즉시 코칭이 가능했지만 고객과의 영업 상담 관찰은 불가하기 때문이었다. 아니나 다를까 영업사원들은 김 팀장이 가르쳐 준 대로 상담하지 않았다. 급기야 김 팀장이 나서서 제품 설명을 다 한 후 견적서를 보내는 것으로 일단 마무리되었다. 회사로 돌아온 후 김 팀장의 본격적인 영업 코칭이 시작된다. "이봐 이 주임, 제품 설명을 할 때 내가 짚어준 대로 강조점을 반복해서 어필을 해야 할 거 아냐.", "어이 박 대리, 고객이 가격 문제를 걸고 넘어지면 응해주는 척하다가 납기나 서비스를 잘해주겠다는 쪽으로 말을 바꾸라 했잖아. 내가 안 나섰으면 어쩔 뻔했어?", "둘 다 잘 들으라고 클로징을 할 때는 말이야. 타이밍이 정말 중요하다고 타이밍이… 쩍으리고, 직어." 퇴근 후 영업 코칭이 잔소리와 구분되지 않은 게 자신도 느껴졌는지 김 팀장은 계획에 없던 영업사원들 회식을 시켜주며 동기부여 멘트를 덧붙인다. "이봐 자네들, 다음 달 목표 달성하면 인센티브 20%이상씩 상향 조정해줄 테니 잘 한번 해보자고." 착한 영업사원들은 그제야 한껏 고무되어 쳐진 어깨를 올리며 함박웃음을 짓는다.

위의 예화는 소규모 PC 조립 유통회사에서의 보편적인 영업조직의 일상을 그려 본 것이다. 간단한 예화지만 영업관리자로서 김 팀장이 직접 직원들을 채용한 후 교육 및 코칭을 실시하는 과정을 엿볼 수 있었다. 이렇듯 김 팀장은 자신만의 관리 기준을 두고 영업조직을 관리해 가고 있었다. 이런 식으로 김 팀장은 업계에서 자신의 커리어를 쌓아 올려 몇 군데 기업을 거친 후 마침내 국내를 대표하는 중견 PC 제조회사의 영업관리자 김 부장으로 당당히 스카우트되었다. 거래규모는 이전과는 비교할 수 없을 정도로 컸고 무엇보다 관리해야 할 영업대표들의 숫자만 20명이 넘어섰다. 부담은 좀 되었지만 언제나 그래왔듯이 성실과 열심으로 일하면 이루지 못할 것이 없다는 각오로 임했다. 달라진 것이 있다면 예전에는 소규모 회사들에서 실무 영업팀장과 관리를 겸했지만 이제는 4명의 영업팀장 관리는 물론 전체 영업인력의 인사고과 하나하나를 책임지게 되었다. 이제 김 부장의 앞날은 어떻게 될까?

전략적으로 해야만 하는 영업관리

출발은 비교적 순조로웠다. 고객사가 바뀌고 거래규모가 커지기는 했으나 PC라는 제품 자체가 완제품의 형태를 띄고 있고 고객 이슈도 대부분이 가격이나 납기였기 때문에 서비스 대응만 잘 처리하면 매출달성에는 큰 문제가 없을 것으로 보였다. 그런데 이러한 생각들이 잘못된 판단이었음을 깨닫기까지 그리 오랜 시간이 걸리진 않았다.

우선 고객사의 단일 PC 구입 규모가 몇십 대에서 몇백 대 이상이 되었을 때 경쟁 환경 자체가 다름을 느꼈다. 고객의 구매 결정 기준도 까다로워졌을 뿐만 아니라 의사결정 시간도 길어져 답답했다. 무엇보다 경쟁사들의 거센 공격이 예사롭지가 않았다. 여기에 더해 입사 후 1년도 채 지나지 않아서 시장 내 큰 위기가 닥쳐왔다. - 사실 매해 반복되는 위기였지만 - 국내외적으로 급격한 경영환경의 악화와 중국산 업체의 난립으로 영업이익률이 현저히 떨어지고 언제나 캐시카우Cash cow가 되어 주었던 주요 고객사마저 추가 주문을 자사가 아닌 다른 경쟁사로부터 받고 있다는 정보까지 듣게 되었다. 어느새 영업대표들은 예진만큼의 실적을 달성하시 못했으며 영업에 대한 의지도 점점 떨어져가는 것만 같았다. 김 부장은 언제부터인가 영업팀장들을 수시로 불러 원인과 대책을 강구하기 위해 애를 썼다. 하지만 돌아오는 답변은 가격과 제품 경쟁력이 경쟁사에 밀려 실적을 맞추기가 어렵다는 똑같은 변명만 계속 들어야 했다. 급기야 김 부장은 과거에 했던 것처럼 본인이 직접 나서서 영업대표들과 함께 고객사 동행방문을 하기에 이르렀고 영업대표들의 활동관리도 예전보다 더욱 강도 높게 기준을 높일 것을 영업팀장들에게 지시했다. 결과는 어땠을까? 결과는 더 안 좋아졌고 김 팀장은 헤어 나오기 힘든 깊은 수렁에 빠지게 되었다. 영업팀장들은 새로운 돌파구를 찾지 못했고 영업대표들은 김 부장이 부임한 후부터 불평과 불만을 더욱 늘어놓았다. 한마디로 영업실적의 개선은 멀어 보이기만 했다.

왜 이렇게 되었을까? 가장 큰 원인은 김 부장이 과거 소규모 영업활동에서 했던 관리와 코칭 방식을 중대형 규모의 영업활동에 그대로 접목시켰다는 데 있다. 이것은 기업영업활동에 있어서 가장 기본적이면서도 중요한 부분을 논의할 필요가 있게 만드는데 결론부터 요약하면 우리가 영업활동을 열심히 할 것인가 아니면 전략적으로 할 것인가의 문제로 귀결된다. 먼저 영업활동을 열심히 한다는 것은 주로 소규모 영업활동에서 영업대표들의 영업활동량을 늘림으로써 매출을 증가시키는 것을 말한다. 여기서 말하는 소규모 영업활동은 주로 제품의 구성이 단순하면서 거래규모가 작은 형태의 비즈니스를 말하는데 대표적으로는 기업 내에서 쓰는 사무용 집기나 일회성 소모품 같은 것들을 들 수 있겠다. 반대로 중대형 규모의 영업활동은 주로 제품의 구성이 솔루션화 되어 복잡하면서 거래규모가 큰 형태의 비즈니스를 말한다. 대표적으로는 IT 제품이나 소프트웨어 패키지의 대형 구매 등이 해당한다. 즉, 김 부장은 전략적으로 접근해야 할 영업활동의 관리 포인트를 그저 열심히 하는 데에만 중점을 둠으로써 전체적으로 영업 생산성을 떨어뜨리는 결과를 가져오게 만든 것이다. 중대형 거래에 있어 고객의 니즈가 얼마나 다양한지 그러한 환경 속에서 경쟁사와 차별화할 수 있는 메시지는 무엇인지 또 그에 해당하는 솔루션은 어떻게 개발하고 제안할지에 대한 것들이 더욱 중요하다는 것을 몰랐던 것이다.

전략과제에 집중하는 영업관리자의 영업 코칭

이것과 연계되어 김 부장이 잘못했던 또 하나는 영업대표들과 함께 실시한 고객사 동행 방문과 코칭 수행활동이다. 결론적으로 이것 역시 영업대표들의 영업실적 향상에는 전혀 도움이 되지 않았다. 아니 오히려 영업대표들의 사기를 떨어뜨리는 역효과만 낳았다. 김 부장은 과거 영업대표들의 실적이 여의치 않을 때마다 고객사를 동행 방문하여 수주를 따오곤 했다. 그런데 사실 당시에 했던 코칭 수행활동에도 문제가 없었던 건 아니었다. 수주 시점이 다가올 때마다 영업대표들이 자꾸만 당시의 김 팀장을 의지하려고 했기 때문이다. 거기에다 고객사 역시 영업대표들보다는 김 팀장을 업무 신속성과 편의성 등으로 인해 더욱 선호했다.

이는 결국 영업대표들의 역량 향상을 막을 뿐만 아니라 전체적인 영업 생산성마저 떨어뜨리는 결과를 초래했다. 그런데 이번에는 그와 같은 동일한 실수에 한 가지를 더했다. 그것은 바로 중대형 영업활동에서 가장 필요로 하는 전략 코칭으로 이어지지 못했다는 점이다. 사실 김 부장은 섣부르게 수주를 위한 클로징 전략을 펼쳤다. 우선 매출이 급했기 때문이다. 중대형 영업활동에서 클로징 기술이 별 효과가 없다는 사실도 그는 몰랐다. 심지어 고객은 요구하지도 않았던 가격 할인을 무리하게 제안했다. 나중에 안 사실이지만 해당 고객의 니즈 일 순위는 가격이 아니었다. 전략 코칭을 했다면 고객의 진짜 니즈인 납기 대응에 초점을 맞추어야 했다. 결국 수주는 실패로 돌아갔다. 그런데 문제는 여기에서만 그치지 않았다. 동행한 영업대표의 영업의지가 꺾여 버린 것이다. 김 부장은 시종일관 자신의 권한과 위치를 어필하는데 주력했고 가격 할인에 대한 생색내기에 바빴다. 그러다 보니 담당 영업대표는 설 자리가 없어졌다. 그리고 경쟁사도 제안할 수 있는 가장 손쉬운 가격 할인이라는 전략을 펼침으로써 고객에게 차별화된 메시지도 주지 못했다.

결국 김 부장은 중대형 영업활동 시 영업대표와의 동행방문에서 범하면 안 되는 중대한 실수를 저지른 꼴이 되었다. 중대형 영업에서 영업관리자가 영업대표와의 고객사 동행 방문 시 가장 먼저 고려해야 하는 것은 동행방문의 목표를 정하고 영업대표와 사전에 조율하는 것이다. 즉, 영업관리자는 관찰만 할 것인지, 고객의 까다로운 요구 시에만 개입을 할 것인지에 대한 역할 분담을 확실히 하고 임했어야 했다. 중대형 영업에서 영업대표들은 대체적으로 담당 고객사에 대한 애착과 책임의식이 크다. 그렇기에 영업관리자는 영업활동에 직접 개입하는 것을 특별한 경우를 제외하고 가급적 최소화해야 한다.

그렇다면 김 부장은 어떻게 영업 코칭을 했어야 했을까? 정답은 전략 과제에 집중을 했어야 했다. 물론 고객사별 전략 과제는 다 다르다. 가격과 제품이 표면적으로 드러나는 이슈이긴 하지만 중대형 규모의 영업에서는 이것들만이 전부는 아니다. 더욱이 경쟁사와 치열한 경쟁을 펼치는 구도 속에서는 비교 우위의 차별화된 전략이 반드시 있어야 한다. 그것은 곧 차별화된 메시지의 개발을 의미하며 자사가 보유한 강약점을 믹스해 어떻게 고객의 선택을 받도록 하는가에 관한 솔루션을 말한다.

그리고 이를 수행하기 위해선 해당 영업대표가 고객을 만나러 가기 전 어느 정도 밑그림을 그려 놓아야 한다. 즉, 상담 목표와 예상되는 전략 과제를 영업관리자와 함께 의논하고 도출하는 활동이 면밀하게 그리고 수시로 있어야 한다는 의미다. 바로 이것이 중대형 영업활동에서 요구되는 영업관리자의 영업 코칭이다. 정리하면 영업대표의 활동량이 곧 매출로 직결되는 소규모의 영업활동에서는 콜드콜의 수, 고객 방문의 수 등이 중요한 관리 항목이 된다. 주로 고객과의 만남 전에 이루어지는 활동들이다. 하지만 중대형 규모의 영업활동에서는 고객과의 만남이 성사된 이후 고객으로부터 수주 요청을 받을 수 있도록 하는 전략적인 과제가 주요 관리 항목이 된다. 기본적으로는 고객의 니즈와 경쟁사별 전략에 관한 동향 파악 등을 들 수 있겠다. 물론, 이 두 개의 항목이 KPI에 의거 중복 관리되어지는 게 가장 이상적일 것이다. 그 어느 때보다 지금 우린 전략적인 영업 전개를 위한 전문가 영업관리자가 필요해졌다.

23

전문가 영업관리자는
어떻게 탄생하는가

왜 영업 주도 조직이어야 하는가?

그렇다면 우리가 필요로 하는 전문가 영업관리자는 어떻게 맞이할 수 있는 걸까? 이는 곧 영업관리자가 어떠한 역량을 갖추어 어떠한 모습으로 영업조직 내에 위치해야 하는가의 문제로 볼 수 있을 것이다. 본격적인 이야기에 앞서 기업의 경영진들을 포함한 많은 리더들이 꼭 되새겨야 할 부분을 먼저 언급할 필요가 있을 것 같다. 그 이유는 영업대표들을 조직 내에 전문가로 성장시키는 일이 매우 중요하고 동시에 해당 기업의 경영목표를 영업조직이 중심이 되어 주도적으로 달성할 필요가 있기 때문이다. 그 배경은 오늘날 기업경영의 패러다임이 잘 만드는 능력에서 잘 파는 능력 쪽으로 그 무게 중심이 옮겨져 가는 것과 직접적으로 상관이 있다. 이 사실을 모르는 경영진들은 거의 없다고 본다. 다만 이를 현실 경영에서 실천하기 위한 방법론적인 측면이 말처럼 간단하지만은 않기에 우선은 올바른 방향성에 대해 중요한 두 가지 사항만 강조하고자 한다. 첫째, 기업의 체질을 영업주도조직으로 바꾸어야 한다. 이 말의 의미는 영업조직이 회사를 좌지우지한다는 의미가 아니다. 이에 대해선 다국적 기업에서 오랜 기간 기업영업활동을 수행한 바 있으신 임진환 저자의 저서 『영업주도조직』의 내용을 인용하면 명쾌해진다. "영업주도조직이란 고객의 니즈를 만족시키는 일선의 영업 기능이 최우선시되고, 기업의 전략이 고객 중심 전략으로 운영되는 문화를 가진 기업이 바로 영업주도조직이다."

필자는 이에 대해 현업에서 근무했을 때는 물론 최근 다양한 업종의 기업교육과 컨설팅을 수행하면서 영업주도조직의 필요성을 더욱 피부로 느끼고 있다. 하나씩 풀어가 보자. 어느 회사나 가보면 '고객중심', '고객가치'라는 문구를 어렵지 않게 볼 수 있다. 오히려 이러한 문구가 없는 회사를 찾기가 더 힘들 정도다. 그럼에도 불구하고 경영진들이 기대하는 고객 중심의 회사로 변모하기가 점점 더 어려워지는 이유는 무엇일까? 이것은 거의 확실한 이유인데 아직까지도 고객중심의 가치를 제품이라는 틀 속에서만 실현하려는 제조 마인드가 여전히 강하기 때문이다. 이는 변화하는 기업경영 환경의 패러다임을 직시하지 못한 결과로 해석될 수 있다. 대체적으로 보면 큰 기업에서 작은 기업으로 갈수록 그리고 제품의 속성과 구매 프로세스가 단순한 기업으로 갈수록 찾아보기가 쉽다. 핵심은 고객의 가치 실현을 고객사의 환경에 맞게 고객의 접점에서 실현해 주어야 하는데 그렇게 되기 위해선 영업의 목표가 영업부서만의 목표가 아닌 전사적 차원의 목표로 공유되고 협조가 이루어져야 한다. 이것이 영업주도조직의 특징이다. 과거에는 생산, R&D, 인사, 재무, 영업 전 부문이 소위 신박한 제품 탄생에만 온통 관심의 초점이 맞추어 있었다면 이제는 여기에 더해 그 이상의 수준으로 개별 고객사의 고객가치를 실현하는 영업 마케팅의 전략 개발이 전사 프로세스로 구축되어야만 한다.

CEO를 중심으로 한 전사적 영업혁신이 필요한 이유

예를 들면 개별 고객사에서 제품 클레임이 발생했을 때 이를 처리하는 프로세스가 전혀 고객 중심적이지 않은 경우다. 심한 경우 이러한 일을 영업조직이 알아서 잘 마무리해 주길 바라는 회사도 있다. 영업에서 고객의 니즈를 진단해보니 제품 이외의 납기, 서비스는 물론 별도의 부가 기능이나 옵션이 포함된 커스터마이징 제품이 필요할 때 이를 협의하는 것조차 귀찮게 여기는 회사들도 있다. 이와 같이 안일해 보이기만 한 제조 중심의 마인드로 고착화된 기업일 경우 제아무리 탁월한 전문가 영업 관리자가 세워져도 고객가치를 실현하는 고객중심의 경영은 실현되기 어렵다. 결국 이것은 영업조직과 영업관리자만의 문제가 아닌 CEO를 중심으로 한 철저한 전사 영업혁신 전략의 일환으로 탈바꿈 될 때만이 가능한 일들이다. 올바른 방향성의 두 번째는 영업관리자를 전사 경영혁신 과제를 실현하는 전략 마케터로서 포지셔닝 시키는 일이다. 여기서 말하는 전략 마케터의 의미는 전통적인 의미에서 가지는 영업관리자에 대한 인식을 바꾸는 데 필요한 두 가지 도전과제를 동반한다. 그 하나는 영업관리자가 단순히 영업대표들의 근태나 매출지표 위주로 관리하는 기능에만 머무르지 않아야 한다는 점이고 나머지 하나는 마케팅과 영업의 기능 모두를 아우르는 시장 전략가로서 세워져야 함을 의미한다.

최근 해외 글로벌 B2B 기업의 한국지사들의 경우를 보면 좋은 예를 찾을 수가 있는데 그곳에서 우리의 영업본부장이나 부서장의 역할을 담당하는 리더들이 시장 전략가인 경우가 많다. 즉, MBA나 마케팅을 전공한 사람들이 - 혹은 학습한 사람들이 - 영업필드에서 시장과 고객개발 전략 업무를 수행한다. 또한 개별 영업대표들의 영업 코칭의 기능도 도맡는다. 우리나라 기업들이 유독 발전이 더딘 편인데, 영미권 기업들의 경우 B2B

영역이 이미 상당한 수준으로 전문화가 되어가면서 회사 자체적으로도 영업 프로그램들을 개발해 B2B영업 전략 전문가를 양성하기도 한다. 이것은 물론 취급하는 제품과 솔루션의 복잡도에 따른 영향도 있겠지만 국내 기업들이 대체적으로 영업조직을 전문화된 부서로 인식하지 못하는 데서 비롯되었음을 부인할 수 없을 것 같다. 필자의 경우 처음엔 광고 마케팅 기획 업무를 하다가 영업으로 빠진 케이스인데 마케팅의 지식을 어느 정도 갖추고 영업에 뛰어드니 여러모로 장점이 많았다. 우선 영업이라는 것이 필드에서 직접 고객과의 경험치를 늘려가면서 역량이 향상되는 분야이다 보니 때론 관계영업만으로도 실적을 달성해 별 문제가 없어 보일수도 있지만 영업 역시 마케팅과 더불어 경영학의 한 갈래로서 전략 기획 및 시장 분석의 역량과 지식을 가지고 있을 때에라야 비로소 제대로 된 퍼포먼스를 낼 수 있음은 두말할 필요가 없다.

영업관리자의 역할 변화

놀라운 건 B2B영업에 특화된 일부 기업들을 제외하면 대기업이나 중소기업이나 정도의 차이만 있을 뿐이지 다른 부문들, 가령 R&D, 생산, 재무, 인사부문 등과 비교해 봤을 때 유독 영업조직과 인력의 혁신이 매우 더디게 진행되어 왔음을 알 수 있다. 하지만 앞서 기술한 바와 같이 경영의 패러다임이 급격히 변화되고 있고 사회적으로도 김영란법이나 주 52시간 근무제, 코로나 바이러스 등의 영향이 가세하면서 영업조직의 전문화와 혁신에도 가속도가 붙을 것으로 예상된다. 여기에 더해 4차 산업혁명의 물결이 거세지면서 온라인 플랫폼의 발달은 영업조직 내 영업자동화에도 적지 않은 영향을 미칠 것으로 보인다. 소위 SFA Sales Force Automation로 불리우는 시스템이 국내 영업조직 내에 대중화될 경우 고객발굴과 고객 관계관리 모두가 하나의 영업 파이프라인을 중심으로 정착되는 날도 멀지 않을 것이다. 이렇게 되면 기존의 영업관리자의 전통적 기능은 사라지고 시장 빅데이터와 영업대표의 활동관리에서 나오는 정보를 분석하고 이를 바탕으로 전략을 수립하는 기능이 영업관리자의 핵심 업무가 될 것으로 보인다. 바로 이것이 전문가 영업관리자가 가장 잘 수행해야 하는 시장 전략가의 역할이다.

전문가 영업관리자를 길러내는 벤치마킹 모델

마지막으로 전문가 영업관리자가 시장 전략가로서의 역할을 제대로 수행할 수 있도록 하기 위한 기업 내 영업조직 운영의 바람직한 역할 모델을 하나 제시할까 한다. 바로 미국 프로 야구단의 단장 중심 프런트 운영 모델이다. 미국 메이저리그 야구

팀들은 프런트를 중심으로 단장이 책임 운영을 한다. 야구 경기는 감독을 중심으로 펼쳐지지만 그 감독을 뽑고 유능한 선수들을 스카우트하는 등의 구단 운영은 단장이 하는 것이다. — 한국 프로야구도 많이 메이저리그화가 되었다 — 이때 구단을 하나의 영업·마케팅 조직으로 볼 경우 단장이 해당 영업·마케팅 조직의 1차 영업관리자가 되고 감독이 2차 영업관리자가 되며 코치가 영업팀장의 역할에 해당한다고 볼 수 있다. 선수들의 경기력이 떨어질 때 해당 코치는 적절한 심리요법과 마사지 등을 해주며 선수들의 컨디션을 최대치로 끌어올린다. 감독은 시즌 우승을 목표로 전체적인 팀의 경기력 향상을 위해 전략을 수립한다. 이때 가장 중요한 것은 상대팀에 대한 정보다. 발이 빠른 선수, 수비가 강한 선수, 공격이 약한 선수 등을 빠르고 정확하게 알아내는 것이 중요하다. 그래야 적절한 투수 운영과 타선의 라인업을 결정할 수 있기 때문이다. 이른바 데이터 야구다. 이 정보들은 모두 프런트의 지원과 리더십에서 나온다. 프런트는 구단 내·외부를 가리지 않고 감독에서부터 신인 선수까지 두루 소통하며 다양한 정보를 수집하고 분석한다. 이뿐만이 아니다. 1군은 물론 2군 선수들까지 경기력을 끌어올리고 상황에 따라 트레이드를 통해 구단의 경기력과 이이에 기여힌다. 이 모는 일은 1차 영업관리자인 단장을 중심으로 프런트 직원(마케팅 기능)들의 일사불란한 협업을 통해 이루어진다. 그러니까 프런트의 경쟁력이 곧 팀의 전체 경쟁력과 직결된다고 할 수 있다. 이것이 현대의 야구를 프런트 야구라고 지칭하는 이유다.

또 하나의 특징으로 미국 메이저리그 팀들의 감독들은 다른 스포츠들에 비해 비교적 고령의 베테랑들이 많은 편이다. 그것은 베테랑들의 직관 능력을 높이 사는 그들의 문화와도 관계가 깊다. 오랜 경험에서 나오는 감독의 직관은 복잡한 룰과 상황 변수가 유독 많은 야구에서 특히 유효한데 포스트 시즌과 같이 중요한 경기에서 결정적인 역할을 하기도 한다. 즉, 과학적인 데이터와 경험적 직관이 모여 전체적인 팀의 경기력으로 나타나는 것이다. 영업조직도 이와 다르지 않다. 영업관리자가 꼭 최고의 실적을 낸 영업대표 출신일 필요까지는 없지만 해당 업종을 잘 이해하는 경험 많은 시장 전략가를 등용하는 것은 여러모로 중요하다. 시장 전략가인 전문가 영업관리자는 자사의 형편은 물론이고 개별 시장과 고객, 경쟁사를 모두 잘 알아야 한다. 그렇지 않으면 고객가치를 실현하는 고객중심의 전략 영업을 제대로 펼칠 수 없기 때문이다. 다시 한번 강조하지만 이 모든 것들은 CEO를 중심으로 전사적 영업주도조직을 실현할 때만이 가능한 일들이다. 전문가 영업관리자들이 시장 전략가로서 마음껏 기량을 펼칠 수 있도록 한다면 해당 기업의 미래는 밝을 것이다.

24

영업관리자가 갖추어야 할 최고의 덕목과 역량은 무엇일까

영업대표의 사기를 결정짓는 영업관리자의 덕목

실로 일선 영업관리자만큼 다방면에 걸쳐 우수한 역량과 덕목을 지녀야 할 직업도 없는 것 같다. 주요 역량만 살펴보면 영업대표들의 활동 및 성과 관리, 인재의 채용과 육성, 팀 빌딩 및 운영, 전략의 수립과 영업 코칭 등이 있다. 또 주요 덕목을 보면 회사에 대한 애사심은 물론 고객 및 직원들에 대한 책임의식과 섬김의 리더십까지 어느 것 하나 소홀히 할 수 없는 것들을 요구받는다. 그렇다면 여기서 고민되는 질문을 하나 해 보겠다. 당신은 CEO이고 영업관리자를 채용해야 한다. 이 많은 역량과 덕목들 중 최고의 역량 또는 덕목 하나만을 선택해야 한다면 당신은 무엇을 택하겠는가? 물론 정답은 없다. 당신만의 개인적인 생각을 아무것이나 그러나 각각 단 하나씩만을 대답해보라.

생각하는 동안 영업관리자 A와 B를 소개해 보고자 한다. 우선 A는 과거 필자의 상사였다. 쑥스럽지만 당시 필자의 별명이 준비된 영업사원, 타고난 영업맨이라고 불리우던 시절 때의 이야기다. 상사 A는 고과철이 되자 작년과 같이 필자를 또 커피숍으로 데리고 갔다. 그리고 작년에 했던 이야기를 필자에게 다시 반복했다. "박 대리 정말 미안한 얘기를 또 해야겠네. 이번엔 ○○ 과장을 진급시켜야 해서…(중략)…하지만 걱정 말라구. 박 대리만큼은 내가 책임지고….” 내용인즉, 선배들의 승진을 위해 좋은 실적을 냈음에도 최고 등급의 고과를 양보해 달라는 것이었다. 무슨 데자뷔 같았다. 한 번도 아니고 두 번째 이야기를 들었을 때는 화를 넘어 정말이지 하늘이 노랬다. 그리고 바로 든 생각은 퇴직이었다.

하지만 차마 퇴직을 할 수는 없었고 새벽 늦게까지 잔뜩 술을 마신 기억이 있다. 얼마 지나지 않아 상사 A는 다른 회사로 이직을 했고 그를 까맣게 잊고 있던 어느 날 필자는 전 상사 A로부터 그때의 일에 대해 정말 미안했다는 전화 한 통을 받았다. 그 일이 생긴 이후로 필자는 기나긴 슬럼프의 기간을 갖게 된다. 다음 소개하는 영업관리자 B는 타 부서 직원의 상사였다. 정확하게는 필자의 동기 C군이었다. C군은 반대로 영업 역량이 다소 떨어지는 친구였는데 실적에 대한 욕심이 강한 나머지 무리한 대규모 수주 프로젝트를 진행하다가 대금을 못 받게 되는 상황에 직면했다. 업체가 부도가 난 것이다. 금액이 너무 커서 징계는 불가피해 보였다. 그러나 다행히 예상보다 가볍게 상사와 동기가 각각 감봉 수개월을 받는 것으로 마무리되었다. 그런데 나중에 동기 C군으로부터 들은 얘기는 다소 당혹스러웠다. 상사 B는 징계위원회 회부를 전후로 자신의 책임을 회피하는 발언을 계속해 매우 실망스러웠으며 과연 이런 상사를 믿고 함께 일할 수 있을지 의문이라는 얘기를 해주었다. 두 사례를 통해 여러분께서는 어떠한 생각이 드는가? 혹시 이와 유사한 경험은 없는가? 필자는 개인적으로 영업관리자가 갖추어야 할 최고의 덕목으로 '신뢰'를 꼽는다. 사실, 방금 든 사례의 영업관리자 A의 경우 상당한 영업 역량을 갖추었고 실적도 좋은 사람이었다. 하지만 영업관리자로서 보여준 그의 면면들은 부하직원들의 사기를 꺾기에 충분했다. 경우에 따라 필자는 실제 퇴사를 했을 수도 있었다. 이것은 영업관리자 한 사람이 부하직원의 인생에 얼마나 큰 영향력을 미칠 수 있는가를 보여주는 단적인 예다.

우수한 영업관리자의 조건

이와 관련한 조사가 있었다. 영업 컨설턴트 매튜 딕슨과 브랜트 애덤슨은 우수한 영업관리자들의 주요 특징을 밝히기 위해 '영업 리더십 진단'이라는 설문 조사를 진행했다. 65개 기업 1만 2천여 명의 영업대표들을 대상으로 조사를 실시하여 약 2,500명 이상의 영업관리자에 대한 자료를 수집했는데 우수한 영업관리자는 크게 4개의 범주 중 하나에 속한다는 사실을 밝혀냈다. 주인의식, 영업 능력, 코칭, 기본 자질이 그것이다. 이 중 주목해 볼 만한 것은 4개의 범주 중 유일하게 교육을 통해 거의 개발시키기 어려운 항목이 기본 자질이었고 이에 해당하는 항목들에는 신뢰감, 정직, 경청 능력 등이 있었다. 특히, 기본 자질의 경우 선천적으로 타고나는 경향이 강하며 영업현장의 많은 관리 실패의 주요 원인으로까지 지목되었다. 그러니까 실제 영업사원들의 이직과도 연관성이 강하다는 게 증명이 된 셈이다. 심지어 조사자들은 기본 자질 중 한 가지 이상에서 실망스러운 결과를 보일 경우 해당 영업관리자에게 다른 일을 알아볼 것에 대해 조언할 것을 제안했다. 이를 통해 우리가 알 수 있는 것은 기본 자질이 영업관리자의 우수성을 결정 짓는 전부는 아니지만 매우 중요한 요소라는 것과 뛰어난 실적을 달성한 우수한 영업대표가 반드시 우수한 영업관리자가 되지는 않는다는 사실이다.

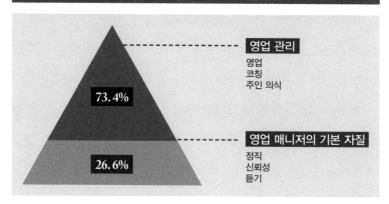

|그림11| 영업 매니저의 기본 자질 항목

73.4%

26.6%

영업 관리
영업
코칭
주인 의식

영업 매니저의 기본 자질
정직
신뢰성
듣기

자료 출처: 챌린저 세일, SEC Research

　이러한 결과는 사실 영업관리자의 인성에 관한 문제로서 현실적인 문제들을 동반한다. 즉, 기업들은 실적 우수자들을 영업관리자로 선임할 수밖에 없는 것이 보통의 현실이기 때문이다. 거기다가 영업 역량만 놓고 보면 실적 우수자 출신의 영업관리자들이 실제로 역량이 우수한 영업대표들을 배출한다. 한 연구에 의하면 운 좋게 유능한 영업관리자 밑에서 일하게 된 영업사원들조차 20% 가까이 실적이 올라간다는 사실이 이를 뒷받침한다. 그런 면에서 볼 때 앞서 두 번째 사례에서 나오는 상사 B는 우수한 영업관리자가 가지는 특성 중 기본자질도 문제가 되지만 전략 코칭 역량이 현저하게 부족했다고 볼 수 있다. 본인은 부하직원을 신뢰했기 때문에 업무를 위임했다고 말할 수 있을지 모르지만 사실 그것은 방임에 가까운 처사였기 때문이다. 전 미국 대통령 레이건이 한 말로 유명해진 '신뢰하고 검증하라'

는 영업관리자들이 반드시 숙지해야 할 격언이다. 당시 레이건은 러시아와 미국 양국이 맺은 상호협정이 제대로 지켜지는 것을 서로 확신할 수 있도록 충분한 검증 절차가 있어야 한다는 점을 강조하기 위해 이 말을 자주 사용했다고 한다. 영업관리자가 업무 위임을 통해 영업대표들에게 신뢰감을 표하는 것이 잘못되었다는 것이 아니다. 무릇 제대로 된 영업관리자라면 영업 프로젝트가 진행되어 가는 주요 길목 길목을 파악해 전략 코칭을 해야 하고 수행하는 과제들에 대한 철저한 검증을 해야 함을 말하는 것이다.

영업관리자의 전략 코칭이 만병통치약이다

사실 영업관리자가 전략 코칭만 잘 해도 영업대표의 역량 향상은 물론 각종 사고방지와 동기부여, 매출증대 효과까지 웬만한 영업조직 내에서 발생하는 문제들을 한 방에 해결할 수가 있다. 영업이라는 업무특성은 다른 부서 업무들과 달리 영업대표들이 사무실 밖에서 고객의 일을 처리하는 경우가 많다. 즉, 영업을 제외한 다른 부서들은 상사와 부하직원이 한 공간에서 함께 어울리며 수시로 업무 협의를 하고 피드백을 받는 과정을 통해 배움과 성장이 일어나지만 영업대표들은 일의 특성 자체가 독립적이기에 사실 고독하다. 자유롭다고 말할 수도 있겠지만 그것은 매출에 대한 압박에서 비교적 여유로운 일부 시간으로 한정된다. 대체적으로 그들은 고객의 업무를 처리하는 과정에서 적지 않은 스트레스를 받게 되며 종종 조직으로부터 이탈된 소외감을 느낄 때도 있다. 이때의 만병통치약은 뭐니 뭐니 해도 상사인 영업관리자로부터 받는 전략 코칭이다. 특히, 중대형 규모의 기업영업활동에서 영업대표들은 인센티브만을 많이 받는다고 해서 동기부여가 결코 되지는 않는다. 그들은 보통 회사에 대한 소속감과 자부심을 가지고 일을 하는데 이때, 가장 중요한 것이 영업활동의 수행과정에서 발생되는 프로젝트의 진전Advanced 여부를 영업관리자로부터 전략 코칭을 통해 피드백 받는 것이다. 전략 코칭은 결과에 대한 확인보다는 주로 앞으로 진전시켜야 할 고객의 전략과제들을 풀어가는 데 중점을 둔다. 그렇기 때문에 영업대표는 이 시간을 통해 영업관리자와 더불어 상담 계획을 세우고 단계별 영업조치 등을 점검받음으로써 성장하고 동기부여 된다. 그런 결과로 중대형 규모의 영업활동에서 영업대표에 대한 최고의 인센티브를 영업관리자의 진전Advanced과 계속(Continuous : 진전은 없고 영업이 멈추거나 답보된 상태)관리에 관한 전략 코칭이라고 말하는 것이다. 이를 통해 상당 부분의 사고방지와 이직방지, 실적향상 등이 자연스럽게 해결된다.

많은 국내외 기업의 CEO와 임직원들이 자사의 영업관리자들의 역량을 잘 믿지 않는다는 말을 한다. 그만큼 인성과 영업 역량을 겸비한 영업관리자를 세우는 것이 쉽지 않다는 의미이기도 하다. 이러한 이유들로 기업은 자신들의 기업조건과 영업 환경에 맞게 영업관리자 선임에 필요한 명확한 기준을 갖고 있을 필요가 있다. 여기에 한 가지 제안을 한다면 기업은 이제 영업관리자의 영역이 전문가의 영역임을 받아들이고 기업 내 인사정책에 변화를 주어 인식의 전환을 가져올 때가 되었다고 생각한다. 예를 들어, 실적 우수자가 반드시 영업관리자가 될 필요는 없으며 영업관리자가 꼭 안 되더라도 그것이 부끄러운 일이거나 인사상의 불이익 등으로 연결되지 않도록 하는 분위기와 문화를 조성하는 것이다. 실제로 평균 수준의 실적을 올린 영업대표들이 영업관리자가 되었을 때 실적이 가장 좋다고 하는 전언들이 많다. 이유를 보면 실적 우수자와 달리 평균 수준의 실적자들은 자신의 영업경험을 맹신하지 않기 때문에서라고 한다. 여기에 이어서 회사 특성에 맞는 영업관리자 등용 기준을 만들고 일정 기간 동안 선별된 후보자의 능력을 검증하면 좋다. 모두 쉬운 일만은 아니지만 잘 세운 영업관리자 하나가 회사의 명운을 책임질 수도 있기에 기업은 장기적인 안목을 가지고 전문가 영업관리자의 육성에도 힘을 쏟아야 한다.

25

영업관리자의 코칭은
어떻게 영업조직을 움직이는가

전사적 차원에서의 영업관리자 역할 이해

세계적인 경영 컨설팅 그룹 '맥킨지'는 회사 조직 내 영업관리자와 같은 포지션을 중추 직무Pivotal job라고 했다. 중추 직무는 조직 내 다른 어떤 직무보다 업무 수행에 더 큰 영향력을 행사하는 특정 직무를 말한다. 월례 조회 때 매출 독려를 위해 경영진이 아무리 영업 조직을 다그친다 하더라도 현장의 영업대표들에게까지 영향력이 잘 미치지는 않는다. 경영진이 시장과 고객으로부터 이탈되어 있다고 여기기 때문이다. 하지만 일선의 영업관리자는 그렇지 않다. 대체적으로 영업관리자는 현장을 이해하고 있고 고객과의 직·간접적인 접촉이 자주 발생하기 때문이다. 단, 조건이 있다. 영업대표들에 대한 코칭 수행 활동이 상황에 따라 적절하게 그리고 지속적으로 이루어질 때에 한

한다. 필자를 포함, 한국에서 관리업무를 수행한 시니어들은 사실 코칭 문화에 익숙하지는 않다. 입사 후 보통 사수, 부사수 개념의 한국형 OJT 방식의 멘토링이나 경험에 기반한 영업관리자의 지도를 일종의 우리식 코칭이라고 해석할 수도 있을지 모르지만 엄밀히 말해 체계적으로 이루어진 코칭은 아니었다. 훗날 코칭을 전문기관에서 공부하고 현장에 적용하면서 느꼈던 것은 역시 현실적인 문제들을 어떻게 뛰어넘고 상황에 따른 코칭을 적절하게 수행할 수 있을까의 문제로 좁혀졌다.

기업에서 영업 코칭을 지속적으로 수행하기 위해선 여전히 경영진을 포함한 일선 영업관리자들의 코칭에 대한 필요성의 이해와 제도 마련이 따라야 한다는 생각이다. 가령, 당장 단기적인 매출 달성에만 급급한 영업조직에서 체계적인 영업 코칭이 제대로 이루어지기는 어렵다. 또한 영업관리자의 핵심 업무를 직원들의 근태 관리나 실적강화를 위한 압박업무 정도로 인식하는 기업도 마찬가지다. 참고로 영업 코칭은 크게 전략 코칭과 기술 코칭, 커리어 코칭으로 구분해 볼 수 있는데 이에 대한 적절한 이해와 상황별 수행은 전통적인 영업관리자의 역할로부터 과감한 혁신이 이루어질 때만이 가능하다. 다만 긴 안목을 가지고 점진적인 변화를 도모해보고자 한다면 영업관리자의 KPI에 코칭 수행활동 항목을 넣고 그 비중을 조금씩이라도 늘

려나갈 필요가 있다. 궁극적으로 전문가 영업관리자의 핵심 업무는 영업대표들의 개별 영업활동 중 전략의 수립과 실행 그리고 지원에 초점이 맞추어져야 한다. 개인적으로 필자는 업종과 기업규모에 따라 다르겠지만 전략 코칭의 비중을 50, 기술 코칭의 비중을 30, 커리어 코칭의 비중을 20 정도로 가져가는 게 적정하다고 본다. 이에 대한 본격적인 설명에 앞서 영업관리자의 코칭이 왜 중요하고 필요한지에 대한 합리적인 이해가 우선 필요해 보인다.

교육 훈련과 영업 코칭의 실효성

이런 질문들이 있을 수 있다. 첫째, 영업 코칭의 목적이 영업대표들의 역량을 향상시켜 실적을 강화하는 데 있다면 교육훈련을 통해 얼마든지 해결할 수 있는 것 아닌가? 둘째, 영업 코칭이 아직까지도 우리나라 기업에 정착이 안 된 이유는 실효성에 의문이 있는 것 아닌가? 결론부터 말하면 일부는 맞고 일부는 틀리다. 이외에도 많은 질문들이 있을 수 있지만 먼저 첫 번째 질문에 대해선 맥킨지의 의견을 우선 살펴볼 필요가 있다. 맥킨지는 제록스사 영업대표들을 대상으로 상의실에서 훈련받은 역량이 영업 상담이 이루어지는 영업현장에서 얼마나 발휘되는가에 대한 연구에서 다음과 같이 결론을 내렸다. "평균적으로 영업교육을 수료한 지 한 달 이내에 배운 기술의 87%가 무용지물이 된다. 좋은 뉴스는 기술 손실이 획기적으로 줄거나 향상된 영업대표도 있었는데 이유는 영업관리자가 영업대표에 대한 체계적인 코칭을 후속적으로 실시했기 때문이다." 이러한 증거는 영업대표의 성공적인 영업수행에 있어서 코칭이 실제적으로 중요하다는 것을 보여준다. 바꿔 말하면 코칭의 필요성을 잘 인식하지 못한 많은 리더들은 "교육훈련 충실히 받았으니 이제 실적 올라가는 일만 남았군." 하고 단순하게만 생각한다는 것이다. 하지만 이는 매년 집행하는 영업교육의 비효율적인 운영을 초래한다. 사실 중대형 규모의 영업활동에서 영업대표들의 역량은 조금씩 더디게 성장한다. 단기간의 집중적인 영업교육이 일시적으로는 효과가 있을지 몰라도 시간이 지남에 따라 그 효과가 급격하게 떨어질 수 있음을 리더들은 알아야 한다.

두 번째 질문인 "영업 코칭이 아직까지도 우리나라 기업에 정착이 안 된 이유는 실효성에 의문이 있는 것 아닌가?"에 대해선 이렇게 말하고 싶다. 아직까지 영업 코칭을 실시한 국내 기업들이 많지 않아 표본과 이해가 부족하고 일부 실시한 기업들조차 자신들만의 노하우를 통해 비공식적으로 운영되기 때문에 공유할 정보가 사실 별로 없다. 대체적으로 비즈니스 코칭이라는 이름으로 시행되는 코칭 대부분이 중역 이상을 대상으로 하고 있고 그나마 영업조직을 대상으로 하는 코칭 프로그램들의 경우도 회사와 전문 코치 간에 이해충돌이 발생하곤 한다. "코칭이 빨리 실적으로 연결되게 해주세요." 등의 기업의 요구에 아직까지는 전문 코치들이 땀을 좀 흘린다고 보면 된다. 그렇다면 대안은 무엇일까? 기업들이 자신들의 처지에 맞게 코칭 프로그램을 자체적으로 수립하여 실행하면 된다. 즉, 회사 내에 영업 코칭의 필요성에 대한 공감대가 우선 형성되고 이를 바탕으로 영업관리자가 책임감을 가지고 일부의 영업대표들에게라도 지원하는 게 그것이다. 코칭의 특성은 피코치의 의지도 매우 중요함으로 평균 실적 이상의 의욕이 넘치는 영업대표들에게 적용하다 보면 영업관리자 입장에서 부담도 적어지고 요령도 생겨나 현실과 상황에 맞게 조정해 나아갈 수가 있다. 단, 영업 코칭의 실효성을 높이기 위해 중요한 몇 가지 가이드라인과 방법은 숙지할 필요가 있어 이를 소개하고자 한다.

전략 코칭의 전개과정과 결과물

필자는 영업 코칭을 크게 세 개의 영역으로 나눈다. 앞서 얘기한 대로 전략 코칭, 기술 코칭, 커리어 코칭이다. 이 중 전략 코칭과 기술 코칭은 한 세트로 묶을 수가 있는데 이 두 개의 코칭은 고객의 관점에서 영업대표의 전략 개발을 지원하기 위한 목적으로 이루어지고 커리어 코칭은 순수하게 영업대표의 경력 개발을 지원하기 위한 목적으로 이루어진다고 정리하면 좋겠다. 이 중 커리어 코칭은 영업적인 측면도 다룰 수 있지만 대개 영업대표의 장기적인 경력 로드맵을 설계해 주는 동기부여 차원이 일 순위이기에 이 지면에서는 다루지 않는다. 먼저 전략 코칭은 고객의 구매를 돕는 과정에서 영업대표가 어떻게 목표를 수립하고 실행할 수 있을까에 관한 액션플랜(실행안)을 만드는 과정을 뜻한다. 목표를 수립하는 방식은 이런 식이다. "A사에 대한 출하량을 전년비 50% 이상 향상시킨다.", "A사에 깔린 경쟁사 제품을 우리의 모델 ATP123으로 올해 3분기까지 교체시킨다.", "다음주 A사 생산관리부장 및 경영지원실 담당 직원과 합석 미팅을 마련한다." 이렇듯 처음에는 큰 그림을 그리고 시간이 갈수록 구체화시킨다. 주의할 점은 처음부터 너무 세세하게 목표를 세우거나 현실성 없는 목표 숫자로 시간을 허비하지 않아야 한다. 어차피 그러한 것들은 영업대표가 영업활동을 진전시키면서 업데이트될 것이기 때문이다. 다음으로 해야 할 것이 업데이트된 내용들을 바탕으로 실행안을 만들어 가는 것이다.

이때 영업관리자는 고객의 구매 단계가 니즈를 검토하는 초기 단계인지, 본격적으로 경쟁사별 제품 비교가 이루어지는 구매 검토 단계인지, 최종 선정 단계에서 원안이 뒤바뀔 가능성이 있는 불안 단계인지 등을 파악해 적절한 개입 시점을 함께 논의 해야 한다. 이러한 내용들이 파악되면 어느 정도 고객의 구매 결정기준이 보이고 우리가 대응할 전략의 큰 틀이 잡히게 된다. 이때 영업관리자는 영업대표에게 다음과 같은 질문들을 던질 수 있어야 한다. "고객은 경쟁사가 아닌 왜 우리의 제품을 구매 해야 하는가?", "우리의 메시지가 경쟁사와 동일하게 취급되지 않으려면 어떻게 해야 하는가?", "우리의 강점을 어떻게 부각시 키고 취약점은 최소화시킬 것인가?" 이 질문들을 묻고 대답하 는 과정을 통해 최종적으로 정리가 되면 아래와 같이 고객의 관 점에서 보는 혜택이나 문제해결들을 도출할 수 있게 된다.

|표2| 고객의 관점에서 도출된 고객의 혜택		
영업대표의 목표	고객의 혜택 (문제 해결)	개입시점
모델 ATP123으로 올해 3분기까지 교체 완료한다.	생산 3단계의 자동화 시스템 구현으로 실시간 모니터링이 가능해져 적어도 내년 상반기까지는 불량률이 3% 이하로 떨어지게 된다. ▶ 고객의 고객 만족도까지 지속 증가 효과.	다음 주 수요일 구매담당 부장과 미팅 약속 잡으면 부장님과(영업관리자) 동행 방문하여 구매 혜택 관련 브리핑을 실시한다.

이렇게 되면 사실상 전략 코칭의 한 사이클은 끝나게 된다. 필자가 핵심적인 내용만 정리했지만 이것이 전략 코칭의 거의 전부다. 이외에 추가적으로 해야 할 것들이 있다면 경쟁사의 공격에 대해 대처하는 것들로 '1막, 특별 과외: B2B영업전략 기초 세우기'의 그림3. V자형 취약점(자사 VS 경쟁사 비교 분석)을 활용하면 된다. 일반적으로 기업에서 영업관리자는 이러한 전략 코칭을 영업대표와 면밀하게 진행하지 않는다. 하지만 잠재성이 크거나 매출 기여도가 큰 주요 고객사에 대해서는 처음부터 끝까지 전략 코칭을 수행해야 한다. 영업 관리가 주로 영업 실적을 성토하는 지나간 일에 초점을 둔다면 전략 코칭은 영업 실적을 만들어 내기 위해 현재로부터 미래의 일에 초점을 두는 전문가 영업관리자의 핵심 역할이다. 이러한 코칭 역량을 영업조직 내 선임들에게 가르쳐 리스크가 작은 기업에서부터 훈련을 시키는 일을 병행하면 좋다.

올바른 기술코칭을 병행하는 방법

영업관리자는 전략 코칭과 더불어 기술 코칭도 함께 해야 한다. 왜냐하면 전략과 기술은 별개의 항목이 아니기 때문이다. 기술 코칭은 영업대표와 함께 상담 계획을 짜고 고객사를 방문하여 관찰한 다음 사무실로 돌아와 피드백하는 과정 등을 말한다. 이러한 기술 코칭을 활발하게 하는 곳은 보험 업종으로 일전에 외국계 보험회사 관리자를 만나 이야기를 들을 수 있었는데 그들은 아침 7시부터 이러한 기술 코칭을 실시한다고 했다. 주요 내용은 오늘 만날 고객에게 어떠한 질문을 할 것인지, 어떠한 정보를 파악하고 어떻게 클로징으로 연결할지 등이었다. 동행 방문을 하기도 하지만 거의 매일 시간을 정해놓고 상호 롤플레이를 하면서 녹화를 한 다음 영업관리자가 피드백을 주는 방식으로 기술 코칭을 한다고 했다. 필자가 아는 한 우리나라 대부분의 제조 기반 영업조직에서 이렇게 기술 코칭을 일상적으로 하는 경우는 별로 없다. 이유는 익숙하지 않음에서 오는 기술 코칭에 대한 막연한 두려움과 실효성에 대한 의문 때문이다. 그러다 보니 보통은 선배들을 따라다니며 관찰을 통해 배우게 되는데 문제는 전략 코칭에서 도출해낸 전략 과제를 중심으로 코칭이 이루어지기보다는 일반적인 관계영업 중심의 내용으로 흐르게 되는 경우가 많아 유익함이 떨어진다. 기술 코칭의 목적은 전략 코칭에서 얻은 과제들을 실제 영업상황에서 제대로 구현하는 데 있다. 가능하면 동행방문도 좋지만 여의치 않을 경우 보험회사의 예처럼 롤플레이 훈련을 자주 하는 것도 좋다. 롤플레이 주제는 자유롭게 선정하되 영입대표가 어려워하는 주제를 사전에 파악해 약간의 학습을 거친 후 영업관리자의 영업경험을 녹여 진행하는 게 좋다. 해당 업종의 고객사 특성을 비교적 잘 아는 영업관리자의 훈련은 공감도도 높고 코칭의 효과가 좋다.

롤플레이 하기 좋은 주제를 살펴보면 다음과 같다. 낯선 고객 첫 방문 시 5분 안에 해야 할 라포 활동, 영업 상담 중 고객의 저항에 대처하기, 콜드콜링 스크립트 작성 및 전개과정, 제품 브리핑 및 프로젝트 프레젠테이션, 가격 협상 등이 되겠다. 만일 전략 코칭에서 전략 과제가 메시지로 도출이 되었다면 기술 코칭이 한결 더 집중력 있게 진행될 것이다. 하지만 그렇지 않아도 크게 상관은 없다. 다만 기술 코칭에서 조심해야 할 사항 몇 가지가 있어 알려드리고자 한다. 이것은 기술 코칭에 대해 대다수의 영업대표들이 부정적으로 생각하는 이유이기도 하다. 첫째는, 목적의 공유다. 핵심은 기술 코칭이 영업대표의 전략 과제를 성공적으로 돕기 위한 것이지 어떤 테스트나 평가를 위함이 아니라는 것을 분명히 해둘 필요가 있다. 그렇지 않을 경우 영업대표는 기술 코칭 자체를 부담스러워할 가능성이 높기 때문에 시작부터 진행이 원활하지 않을 수 있다. 두 번째는 질문을 위주로 한다. 보통의 영업관리자들은 기술 코칭을 하면 할수록 마음속에서 답답함이 생겨난다. 모든 게 문제투성이로 보이기 때문이다. 하지만 이는 기술 코칭을 망치는 지름길이 됨을 명심해야 한다. 그렇다면 어떻게 하면 좋을까? 아주 좋은 방법이 하나 있다. 영업대표를 그저 코칭 고객이다 생각하고 영업식으로 질문을 하면 된다. 예를 들면 이런 식이다. "오늘 상담 코칭 중 질문 세션은 어땠어?", "어떤 게 잘된 것 같고 어떤 게 잘 안된 것 같아?", "이 부분 참 잘한 것 같아. 다만 요 부분은 이렇게 하면 어떨까?" 이런 식으로 질문을 위주로 하면 영업대표는 반감보다 자신의 입장을 침착하게 정리를 하여 답변함으로써 자연스럽게 코칭의 효과가 생겨난다. 세 번째는 실행의 확인이다. 즉, 기술 코칭에서 배운 내용을 영업현장에서 어떻게 적용했고 그 효과는 어떠했는지를 점검하는 것이다. 이 과정에서 추가적인 코칭 세션도 정할 수 있고 무엇보다 영업대표에 대한 지속적인 관심을 표명하게 되어 상호 신뢰의 관계로 발전할 수 있게 된다.

이 세 가지 유의사항은 내부 코칭이든 고객사 관찰 코칭이든 공통적으로 필요한 사항이다. 만일 고객사 관찰 코칭을 하게 된다면 이전에 필자가 언급한 대로 영업지원의 목적으로 동행하는 것인지 순수하게 기술 코칭만을 목적으로 동행하는 것인지에 대해 상호 합의만 있으면 된다. 전체적으로 정리하면 전략 코칭은 고객의 구매 과정 단계에서 영업대표의 전략 과제를 함께 수립하고 수정하여 실행안을 만드는 과정인데 최종적으로는 고객의 혜택이 도출되어야 한다. 기술 코칭은 전략 과제나 고객의 혜택을 바탕으로 고객과의 영업상담 진행을 잘 하기 위해 상담 계획을 짜고 이에 필요한 기술들을 익히고 배우는 활동이다. 요렇게 숙지하면 되겠다. 이제 영업관리자의 영업 코칭은 영업 환경의 변화와 더불어 선택이 아닌 필수가 되어야 한다고 필자는 생각한다. 당부하고 싶은 말은 영업 코칭의 내용과 형식에 있어서 어떤 틀에 매이기보다는 필자가 말한 가이드라인을 중심으로 영업관리자 스스로 회사 사정에 맞게 코칭 프로그램을 수립해 볼 것을 추천한다. 분명한 것은 이제 영업관리자는 실적 뿐만이 아닌 코칭을 통해서도 차별화될 것이라는 사실이다.

26

실적관리라 쓰고
자기경영이라 부른다

자기경영으로 이어지는 실적관리의 조건

영업관리자에게 피할 수 없는 핵심 임무는 실적관리다. 실적
관리는 곧 숫자 관리이며 숫자는 시장과 고객으로부터 나온다.
영업관리자가 실적관리를 잘 해야 하는 이유는 경영진으로부
터 부여받은 영업목표를 달성해 회사의 이익에 기여하기 위함
이 일 순위이지만 적어도 뜬구름 잡는 숫자로 인해 스트레스 받
지 않고 오히려 적극적으로 숫자를 창조해 나아가는 자기경영
을 하기 위함이 진정한 일 순위가 되어야 한다고 생각한다. 사
실 영업관리자라는 포지션은 경력 로드맵상 매우 중요하면서도
애매한 위치에 서 있기도 하다. 회사 경영진이 될 수 있는 교두
보가 될 수도 있고 훗날 자기사업을 펼치기 위한 전진기지가 될
수도 있기 때문이다. 어떻든 둘 다 전통적인 의미의 수비형 영

업관리자 모드로만 임해서는 성공적으로 달성할 수 없는 것들이다. 여기에 더해 영업대표들과 뜬구름 잡는 숫자로 실랑이를 벌이며 비생산적인 스트레스에 시달리지 않고 오히려 시장과 고객 그리고 솔루션 전문가로서 숫자를 창조해 가는 전문가 영업관리자가 될 수만 있다면 당신의 비즈니스 라이프는 보다 근사해질 것이다. 얼마 전 대기업에서 영업관리자로 일하고 있는 후배와 전화통화를 했다. "요즘은 실적관리 어떻게 해? CRM 시스템은 많이 좋아졌나? 영업은 할 만하고?", "네, 선배님 시스템은 몇 년 전 업그레이드되었어요. 관리자 입장에서는 좋은 것 같은데 영업대표들은 복잡해하는 것 같아요. 근데 매출 쪼는 일은 예전이나 지금이나 똑같은 것 같구요." 그러면서 후배는 덧붙인다. "신기한 건 그래도 매출 목표는 꾸역꾸역 달성하네요."

이번엔 필자가 모 중소기업 영업교육 현장에서 영업관리자와 나눈 이야기다. "실적관리는 주로 어떻게 하시나요? CRM 시스템은 구축되어 있으신가요?", "저흰 CRM 시스템은 아직 없구요. 실적관리요? 뭐 특별한 게 있나요, 그냥 열심히 쪼는 거죠. 코로나로 잠시 실적이 주춤했었는데 그래도 어떻게 상반기 목표는 겨우 달성을 했네요." 대기업이든 중소기업이든, CRM 시스템이 있든 없든 예나 지금이나 영업조직 실적관리의 키는 여전히 압박이라는 말에 속으로 헛웃음을 지었던 기억이 난다. 이 이야기들을 들으면서 회사와 영업관리자들은 서로 보이지 않는 영업실적의 사각지대를 애써 외면한 채 여전히 숫자 자체에만 집착하고 있구나 하는 다소 씁쓸한 생각이 들었다. 좀 비판적으로 얘기하자면 시장과 고객의 잠재력은 100인데 자기들끼리 30~50으로 설정해 놓고 그 사이를 왔다갔다하며 안분지족하는 연출을 하는 셈이다. 그렇지 않다면 특별한 영업적 조치를 취하지 않았음에도 어떻게 코로나가 창궐하는 상황 속에서 목표로 한 매출을 정상적으로 달성할 수 있었겠는가? 목표 숫자만 바라보면서 영업대표를 압박한다고 매출이 달성되는 현실을 과연 정상이라고 볼 수 있을까? 결코 필자가 비아냥거리기 위해 하는 말이 아니다. 진실되게 만들어진 숫자는 결코 거짓말을 하지 않기 때문이다.

시장과 고객, 조직 내부와의 소통을 통한 실적예측

안타깝지만 그들은 영업관리자의 일에서 어떠한 즐거움도 보람도 잘 느끼질 못한다는 것을 덧붙여 말해주었다. 이러한 반복되는 현상을 우리의 영업조직들은 앞으로도 계속해서 답습해야만 하는 것일까? 숫자 자체에만 집착하는 악순환의 고리를 끊는 방법은 정말 없는 것일까? 영업관리자로서 압박이 아닌 좀 더 전략적으로 실적관리를 할 수는 없는 것일까? 기업은 8월에서 11월 사이에 다음 해의 경영계획을 짜면서 보통 15~35%까지의 성장 목표를 잡는다. 그러면 영업관리자들은 부여받은 목표의 실행계획을 짜기 위해 영업팀장과 영업대표들을 불러 놓고 목표달성 계획안을 어느 기한까지 제출하라고 종용한다. 이렇듯 실적관리의 시작은 실적 예측으로부터 출발한다. 그런데 대부분의 경우 실적 예측부터 영점이 잘 맞질 않는다. 왜냐하면 시장과 고객으로부터 정확하고 의미 있는 데이터가 확보되지 않았기 때문이다. 자신이 관리하고 있는 영업조직의 프로세스가 잘 파악되어 있고 어떠한 형태로든 CRM 시스템을 자신만의 틀로 구축한 영업관리자라면 이제는 그 틀 속에 유의미한 데이터만 집어넣으면 1차 작업은 완료된다. 그런데 문제는 이 과정에서 상당수의 영업관리자들이 함구 모드로 돌변한다. 영업대표들이 제시하는 실행계획안에 대해 세세한 검토나 전략적 코칭은 찾아보기 어렵다. 그리고 오로지 해당 거래처나 지역채널에 대한 목표 숫자만 바라보며 무조건 이 숫자는 책임지고 달성해줄 것을 당부한다. 무엇이 문제인가? 실행계획안에 대한 검증 작업을 게을리하는 것이다. 어차피 회사에서 준 목표인데 반드시 달성해야 하는 것들이고 일단은 부딪혀 가면서 하는 게 영업이라는 습관화된 생각이 자리 잡고 있어서 그렇다.

회사와 대립각을 세우자는 게 아니다. 실적 예측에도 전략이 필요함을 강조하기 위함이다. 내년도 실적 성장 15~35% 성장이 그냥 달성될 수는 없는 법이다. 없었던 실적이 고무줄 줄였다 늘렸다 하는 식으로 나오는 것도 결코 바람직한 현상은 아니다. 핵심은 실행계획안을 달성할 수 있는 액션플랜(실행안)에 대한 전략적인 검토가 고객과 영업대표들 그리고 경영진들과 함께 다각적으로 그리고 지난하게 이루어져야 한다. 만일 시장과 고객과 솔루션에 대한 전문성으로 무장한 영업관리자라면, 그래서 그들과의 면밀한 작업을 통해 15~35% 성장을 위한 특별한 조처들이 마련되었다면 반드시 그에 상응하는 지원과 협력이 필요하기 마련이다. 가령, 신규고객 발굴을 위한 마케팅의 지원이나 영업인력의 충원, 기존고객 지원을 위한 특별 장려금 프로그램이나 커스터마이징된 서비스 자원의 마련, 영업대표들의 영업활동 시간 확보를 위한 문서작업의 최소화, 사기진작을 위한 유무형의 인센티브 등 헤아릴 수 없이 많다. 이 중 목표 달성을 위해 꼭 필요하다고 판단되는 항목들을 위주로 영업관리자는 경영진에게 적극적으로 요구할 수 있어야 한다. 만일, 목표 달성에 대한 지시만 있고 이와 같은 요구들에 대해 가시적인 약속이 없을 때에는 목표 숫자를 달성하기 어렵다고 단호하게 어필도 할 줄 알아야 한다. 그리고 조정을 받아내야 한다.

전략적 실적관리를 위한 영업관리자의 소신과 전문성

마치 영업에 대해 비현실적인 목표를 세우고 북한 군대식으로 무조건 달성하는 천리마 운동쯤으로 생각하는 경영진이라면 더더욱 그렇다. 다른 스탭 부서의 관리자들이라면 몰라도 기업의 생존과 직결되는 영업 숫자를 다루는 영업관리자의 위치는 이제 복지부동을 한다고 해서 안정을 담보할 수 있는 자리가 아니다. 경우에 따라 회사를 책임지는 미래의 경영진이 될 수도 있는 자리인데 만일 당신이 사장이라면 그러한 사람을 중요한 위치에 중용하고 싶겠는가? 하워드 슐츠 스타벅스 CEO, 새뮤얼 팔미사노 IBM 전 CEO, 최지성 삼성그룹 부회장 등 세계 최고의 글로벌 기업을 이끄는 리더들의 공통점은 모두 말단 영업사원으로 출발해 영업관리자를 거친 사람들이었다. 그리고 이러한 영업관리자 출신을 주요 경영진에 등용하는 추세는 영업 패러다임이 가속화하면서 더욱 일반화될 것이다. 영업관리자인 당신이 전문성으로 무장하고 합리적인 소신을 피력할 수 있는 CEO 마인드로 무장해야 하는 이유다. 실적관리의 출발이 실적 예측이었고 그 바탕이 시장과 고객이었듯이 실적을 달성하는 지표관리의 출발 역시 시장과 고객을 바탕으로 한 전략에 기초한다. 그리고 지표관리는 평가와 연동되어야 한다. 만일, 당신이 내년도 영업 전략의 방향을 신규시장과 고객을 발굴하는 데 주력하고자 한다면 영업대표들의 활동관리에 초점을 맞추어야 할 것이다. 예를 들어 A라는 영업대표가 신규시장을 개척하기 위해 B개의 의사결정자와 약속을 잡고 C개의 견적을 받아내는 식이다. 이를 팀별, 개인별로 일 단위, 주 단위, 월 단위에 걸쳐 지표관리를 하다 보면 목표 달성을 위한 각각의 영업단계별 제안 전환율, 견적 전환율, 판매 전환율 등을 집계할 수 있을 것이다. 이것들을 가지고 파이프라인 회의 때 영업대표들과 하나씩 논의를 하면 된다.

영업관리자의 진전(Advanced)과 계속(Continuous) 관리

기존 거래처 중 중대형 규모의 큰 프로젝트의 경우에는 보다 섬세한 지표관리가 필요한데 과정관리가 그것이다. 우리나라 기업들은 대체적으로 영업대표들을 정직원 형태로 고용하고 있기 때문에 과정관리에 소홀한 경우가 많다. 그렇지만 중대형 규모의 영업관리의 성패는 과정관리에서 판가름이 난다고 해도 과언이 아니다. 당신은 이제 전장에서 다룬 전략 코칭 시간을 통해 영업대표의 정성적, 정량적 과정관리에 대한 이해를 마쳤다. 이를 표로 정리하면 다음과 같다.

고객의 구매 단계	영업 과정	진전 지표 (advanced)		계속 (continuous)
		정량적 평가	정성적 평가	
생산부서에서 시스템 노후화에 따른 교체 니즈 발생 3월	콜드콜을 통해 고객 문제 파악, 담당자 미팅 약속 잡음.	콜드콜 3회	가망 고객 미팅 확보	
생산, 구매팀 회의 시 교체 일정 논의 예정 시스템 비교 4월 검토를 위한 RFP 작업 논의 중	담당자 1차 미팅 통해 경쟁사 서비스 지원에 대한 불만 들음 RFP에 스펙인 (spec-in) 영업 실시	후속콜 5회 자료 제출 3회	고객 불만 요인 파악 완료 고객 자사 제품의 발열 감지 센서에 만족감 드러냄	

업체 선정 기준
작업 중 1차 우선
대상자 선별예정   4월
  말
	키맨 확보, 구매
	위원회 선정 시
	키맨 참여 유력
	
	- 키맨과 부장님
	  식사 자리 마련
		관련부서 메일
		발송 총 4회
			키맨 확보,
			식사자리 마련	

1차 업체 대상자 선정 경쟁사, 선정 업체 파악 5월	자사 신제품 발표회 초청하여 기술력 과시	-	사전 영업 효과	
회사 감사 문제로 홀딩 6월	담당자와 계속 접촉 중	-		업무 홀딩

|표3| 고객의 구매 단계별 영업대표의 정성적·정량적 과정관리

이와 같이 활동관리와 과정관리가 전략의 방향에 따라 적절하게 이루어질 때 영업대표들은 영업관리자에게 신뢰감을 갖게 되고 동기부여를 받아 더욱 열심히 그리고 전략적으로 일하게 된다. 이럴 경우 실적관리는 영업대표들을 압박하는 도구가

아닌 영업활동을 돕는 하나의 지원의 성격을 갖게 되는 것이다. 많은 영업관리자들의 잘못된 행동 중 하나는 '영업은 매출이 전부다.'라는 명분은 내세우면서 정작 매출에 영향을 주는 세세한 과정 지표에는 별로 관심이 없다는 점이다. 그러나 이제는 의식과 행동을 바꾸어야 한다. 매출은 기본이고 개별 영업대표들의 영업활동과 과정이 어떻게 실적과 연결되고 그 실적과 관련한 숫자들의 의미가 무엇인지를 정확히 이해시키면서 함께 진전시켜 나아가야 한다. 물론, 영업대표의 늑장 대응이나 고객사 관리 소홀로 발생되는 계속Continuous 단계의 경우에는 과감하게 경고도 주어야 한다. 또한 영업관리자는 자신들이 처한 영업환경에 맞게 새로운 지표개발에도 힘써야 한다. 시장과 고객의 환경이 시시때때로 변해가고 영업 자원은 한계에 봉착했을 경우 새로운 지표개발이 영업대표들의 동력을 이끌어내기도 하기 때문이다. 예를 들어 활동관리나 과정관리에서 놓칠 수 있는 그러나 영업적으로 매우 유의미한 항목들을 새롭게 개발하는 경우다. 만일, 특정 영업대표가 경쟁사 동향 자료를 분석해 공유를 했는데 이 자료가 개별 시장에서 활동하는 다른 영업대표들에게도 유익하게 활용되는 측면이 있다고 판단된다면 영업관리자는 이를 제도화해 지표 관리 항목에 넣고 평점을 부과하는 것 등이다. 국내 기업에 종사하는 많은 영업관리자들은 각자의 처한 영업환경의 특수성으로 인해 하나의 표준화된 실적관리 지표만을 이용할 수는 없다. 그런 의미에서 영업관리자는 영업대표에 대한 활동관리와 과정관리의 기본 개념을 숙지하고 해당 시장과 고객으로부터 나오는 데이터들을 전략과 연계해 유의미한 지표들을 만들어 유연하게 실적을 관리해 나아갈 필요가 있다. 우리는 이것을 숫자 관리에만 집착하지 않는 자기경영이라 부른다.

27

남다르게 뽑고
최고를 키워내라

영업조직의 채용과 교육훈련은 어떻게 달라야 하나

전문가 영업관리자는 채용과 교육훈련에 있어서도 남다른 안목을 가지고 적극적으로 개입해야 한다. 꾸준한 실적을 내는 영업조직을 만들고 유지하는 데 있어서 인사人事만큼 중요한 게 없기 때문이다. 실제 필자는 7년 가까이 사업체를 운영하면서 수많은 채용을 진행한 경험이 있었는데 그때마다 채용만큼 어려운 게 없다는 생각을 했다. 인터뷰를 할 때야 당연 예상되는 답변을 잘 준비해 오니 다들 말도 잘하고 확고한 의지를 보여주지만 막상 일에 투입되고 나면 얼마 지나지 않아 뒤통수를 치는 경우들이 적지 않았기 때문이다. 그럼에도 불구하고 비록 사업체는 자그마했지만 교육지원만큼은 아끼지 않았다. IBM이나 삼성전자와 같이 글로벌 대기업들은 저들만의 독특한 채용 방식을 통해 우수한 인재들을 등용한다. 이어서 연수와 OJT를 통해 충분한 교육훈련을 시킨 후 현업에 투입시킨다. 특히, 영업 사관학교로 불리는 IBM의 경우 신입 입사자들의 영업 스킬 향상을 위해 1년간은 영업교육만 시키는 걸로 유명하다. 들었던 이야기 중 가장 인상 깊었던 것은 제품 교육도 교육이지만 향후 배정될 담당 분야의 산업과 업종에 대한 학습을 철저하게 시킨다는 점이었다. 가령, 금융영업을 담당하게 될 영업대표라면 재무와 은행 업무를 거의 은행원 수준으로 학습을 시키는 것 등이다. 그만큼 고객의 환경을 이해하는 것이 기업영업에 있어 매우 중요함을 보여주는 것이라 하겠다. 그러나 필자가 아는 한 국내 대기업들 가운데에서도 IBM과 같은 방식으로 영업교육에 힘을 쏟는 경우는 거의 없는 것으로 알고 있으며 중소기업들의 경우 1년 내내 영업교육 자체를 실시하지 않는 곳도 생각보다 많다. 현실적인 여건에 기인한 측면이 많겠지만 필자는 이를 영업철학의 부재 혹은 고객환경에 대한 이해의 부족으로 인식한다.

프로야구단에서 배우는 특별한 선수선발과 육성방식

그렇기 때문에 이제 기업은 변화해가는 기업환경에 맞게 경영진과 영업관리자가 확고한 경영 및 영업철학을 바탕으로 채용과 교육훈련에 있어서도 전략적인 개입을 적극적으로 해야 할 필요성이 있다고 판단한다. 영화 '머니볼'은 그러한 측면에서 많은 영감들을 준다. 메이저리그에서 만년 최하위를 면치 못했던 오클랜드 에슬레틱스는 자금 사정의 어려움을 독특한 선수평가 방식을 개발해 극복한다. 즉, 기존의 야구선수 평가에서 중시되던 타율, 홈런, 도루 중심에서 세이버매트릭스(Sabermetrics : 수학적·통계학적 방법론을 도입하여 야구를 객관적인 수치로 분석하는 방식)에 기반한 출루율, 장타율과 같은 새로운 평가 항목을 개발하여 저평가된 선수들을 선발 육성했다. 이러한 방식들은 메이저리그라는 거대한 머니 게임에서 통했고 결국 2002년 시즌 구단 20연승이라는 역사적인 대기록을 세우게 된다. 주인공 빌리 빈(브래드 피트)이 보여준 구단 운영에 관한 주인정신과 창의적인 관리철학은 오늘날 기업 내 경영진과 인사분야 종사자, 영업관리자들에게도 많은 교훈을 던져준다. 한국의 머니볼 사례도 있다. 박병호, 서건창 등 대한민국을 대표하는 최고의 프로야구 선수들을 선발 육성해낸 넥센 히어로즈 구단의 사례다.(지금은 키움 히어로즈) 제갈량의 지혜를 닮았다고 해서 염갈량이라는 별명을 얻게 된 염경엽 감독의 성공신화는 우리에게도 익숙하다. 2014년 당시 넥센은 9개 구단 중 선수들 평균 연봉 기준으로만 놓고 보면 하위권인 7위에 속해있었지만 정규 시즌 성적만큼은 부자 구단 삼성에 단 0.5 게임차 뒤진 2위를 차지해 많은 이들을 놀라게 했다. 그렇다면 넥센과 염경엽 감독의 성공비결은 무엇이었을까? 함께 살펴보도록 하자.

홈런 타자 박병호는 전 소속팀에서는 파워는 좋았으나 정확도가 떨어져 주목을 받지 못했던 선수였다. 하지만 넥센으로 이적한 이후 매해 홈런왕 타이틀을 차지했고 모두가 부러워하는 메이저리그까지 진출했다. MVP로 등극한 연습생 신화 서건창을 포함, 넥센에는 소위 바닥을 경험한 선수들이 유독 많았지만 결국 각자의 포지션에서 최고의 반열에 오른 선수들이 많이 배출되었다. 넥센의 성공비결은 첫째, 전략적인 선수선발과 강점강화 훈련에 있었다. 각 구단별로 가능성이 많은 그러나 몇몇 핸디캡으로 인해 저평가된 선수들을 싼값에 선발한 후 그들의 약점보다 강점에 집중한 훈련을 실시한 것이다. 가령 박병호 선수의 경우 떨어지는 정확도를 억지로 끌어올리기 위해 선구안에 대한 부담을 주지 않았다. 오히려 타고난 힘에 파워훈련을 더 강화하니 상대 투수가 설사 볼을 던져 살짝 걸치기만 해도 담장을 훌쩍 넘길 수 있었다. 물론 당시 펜스 길이가 짧았던 목동구장의 덕도 있었지만 이러한 것도 다 계산에 포함되어 있었다. 둘째, 분명한 목표수립과 구체적인 성과관리 코칭이 있었다. 스타 투수가 부족했던 넥센은 투수들에게 무조건 초구는 스트라이크를 던지고 3구 이내에 승부를 걸라는 분명한 목표를 제시했다. 동시에 그렇게 승부를 펼쳐 안타를 맞을 경우 책임을 묻지 않겠다고까지 해 성과 지표에 대한 부담도 줄여주었다. 초구 스트라이크를 던져야 하는 이유에 대해선 과학적 통계까지 제시했다. 즉, 초구를 스트라이크로 던질 경우 타자들이 가장 압박감을 느끼는 투 스트라이크 원볼이 될 확률이 70%가 넘기에 타자와 승부를 펼칠 여유가 한결 높아진다는 점을 든 것이다. 그러한 결과로 투수들은 더욱 자신감 있게 공을 던질 수 있었고 볼넷 비율까지 줄어들면서 성적은 나날이 향상되어 갔다.

셋째, 동병상련의 염갈량 리더십이다. 사실 염경엽 감독은 선수로서는 성공적이지 못했다. 오히려 대학 시절부터 프로까지 내내 주전 경쟁에서 번번이 탈락하면서 패배의 쓴 잔을 많이 마셨다. 그러다보니 핸디캡이 있는 선수들에 대한 마음을 누구보다 잘 이해했다. 그리고 많은 독서량과 메모 습관이 몸에 배어 가면서 어떻게 하면 선수들의 역량을 최대치로 끌어올릴 수 있을까에 대해 끊임없이 연구하기 시작했다. 그리고 마침내 선수가 아닌 감독으로서 빛을 발하게 된다. 자연스럽게 그의 지휘하에 있는 코치진들 역시 분주해지지 않을 수가 없었다. 빠듯한 예산으로 좋은 선수들을 확보하고 육성시키기 위해서는 남들과 같은 노력으론 안 된다는 걸 잘 알기 때문이었다. 통계 지표는 물론 선수들의 태도와 평판에 대해서까지 더 많은 정보를 얻기 위해 노력했다. 남들보다 한 발 더 뛰고 연구하는 자세야말로 평범한 선수들을 스타 반열에 이르게 하는 원동력이 아니었을까. 최근에 염경엽 감독이 극심한 스트레스에 시달려 경기 도중 쓰러지는 안타까운 일이 있었다. 과거 코치로서 그를 보좌했던 그러나 지금은 야구 해설자로 활동하는 심재학 씨가 그 광경을 본 후 TV에서 울먹이며 말을 잇던 장면을 우연히 보게 되었다. 함께 했던 코치진들이 동고동락하며 쌓은 신뢰와 정을 느낄 수 있었는데 어느 한 매체에서 진행한 염경엽 감독의 인터뷰가 생각나 찾아보았다. "구성원들로 하여금 리더에게 맞추라고 하기보다는 구성원 성향을 정확히 파악해 스스로 하고자 하는 마음을 만들고 생각을 바꿔 즐겁게 실천하는 조직을 만들고 싶었습니다." 말로는 쉽지만 결코 실천하기 어려운 일을 해낸 염경엽 감독의 리더십에 고개가 숙여졌다. 개인적으로 염갈량 리더십은 선수들의 마음을 이해하고 끊임없이 연구하는 신뢰와 인간 존중의 리더십을 보여주었다고 생각한다. 팬의 한 사람으로서 그의 건강을 기원해본다.

영업인력 채용 노하우

성과 있는 영업조직을 만들고 유지하기 위해 기업 내 경영진과 영업관리자들은 여전히 염갈량 리더십과 넥센 구단의 선수 선발 육성방법 등을 적극 벤치마킹할 필요가 있다는 생각이다. 우리의 영업조직들이 이와 같이 좀 더 전략적으로 채용과 교육훈련에 힘을 쏟을 수만 있다면 한정된 자원과 예산 속에서도 우수한 인재의 채용과 유지가 결코 불가능한 일만은 아닐 것이다. 그러한 면에서 채용 및 교육훈련과 관련해 몇 가지 필자의 의견을 피력한다면 다음과 같다. 당연한 말이지만 결국 가장 중요한 것은 성장 잠재력을 가진 인재의 확보이다. 경력직원의 경우야 실적을 먼저 우선해야겠지만 궁극적으로 영업인력은 다른 부서의 인력들보다 한 단계 높은 수준의 성품과 현장 수행 역량을 가져야 한다. 그 이유는 영업이라는 업종특성이 고객을 상대하기 때문이다. 사내에서만 이루어지는 동료들과의 갈등 수준을 넘어 고객으로부터 받는 압박과 매출 스트레스까지 이겨내려면 평균 이상의 열정과 인내력 그리고 소통 능력이 필수적이다. 그렇다면 문제는 이러한 인력들을 어떻게 채용할 것인가만 남았는데 이에 대해선 시중에 나온 관련서적들 중에 교과서적이지만 간과할 수 없는 채용방법과 인재의 조건 등이 자세히 명시되어 있으므로 필자까지 중복하여 같은 의견을 내놓을 필요는 없다고 생각이 된다. 하여 여기에서는 필자의 엉업석 관리 경험에 기반한 몇 가지 아이디어를 제시하는 것으로 마무리하고자한다.

첫째, 글쓰기 능력을 확인하라. 모든 소통의 기본은 사실 말하기가 아니라 글쓰기다. 글쓰기가 잘되면 논리가 잘 서게 되고 이를 메시지화하여 상대를 설득하기가 훨씬 수월해진다. 특히, 기업대상 영업직군에서는 말을 청산유수처럼 잘할 필요가 없다. 다소 말이 어눌해도 진솔하게 논리 전개만 잘 펼치면 고객으로부터 충분히 신뢰를 얻을 수 있다. 방법론적으로는 일정한 주제를 주고 즉흥 작문 테스트를 한다. 추천한다면 이메일로 비즈니스 레터 작성을 시켜 본다. 시간은 10분에서 15분 정도면 충분하다. 능숙할 수는 없어도 전달하고자 하는 메시지를 어떻게 요약정리하는지만 봐도 어느 정도의 소양을 파악할 수 있다. 글은 말보다 더 체계화된 지적 능력과 진실성을 요하기 때문이다. 그래서 필자의 교육 프로그램 중엔 글쓰기와 관련된 교육이 자주 들어간다.

둘째, 콜드콜링 테스트를 하라. 즉, 전화를 걸어 낯선 가망고객과 약속을 잡는 능력을 시험해 보는 것이다. 콜드콜링 역량은 실전만큼이나 면접 테스트에서도 매우 유용하다. 전화상의 소통 역량과 목소리는 글쓰기만큼이나 후보자의 진실함과 태도를 파악하는 데 더할 나위 없이 좋기 때문이다. 이때 주의할 점은 후보자들이 아직 영업경험들이 없으므로 테크닉적인 측면에 중점을 두지 말고 고객의 관점에서 어떻게 논리를 펼쳐가는

지 살펴보라. 대체적으로 콜드콜링을 잘하는 영업대표들은 웬만한 오프라인 영업활동에서도 발군의 실력을 보이지만 그 반대는 항상 성립하지 않는다. 그래서 영업대표들은 수시로 콜드콜링 교육을 통해 자신의 영업역량을 점검할 필요가 있다. 셋째, 핸디캡을 감추지 않고 성의를 보이려는 후보자를 주목하라. 영업은 가장 중요한 게 열정이다. 그리고 열정은 자신의 약점에 아랑곳하지 않고 당당하고 성의 있게 준비하는 태도에서 드러난다. 어떤 면에서 보면 이가 아닐 때 잇몸으로라도 부딪혀보려는 집념의 마인드이기도 하다. 필자의 경우 예술 전문대의 학력으로 삼성전자와 제일기획 두 군데의 공채를 모두 합격했다. 이후 회사에 입사하여 주경야독을 하며 학부와 석사를 졸업했다. 입사 후에도 10년을 넘게 다니며 준수한 실적을 보여 사업부에서 삼성전자를 빛낸 100인의 영업인상을 수상하기도 했다. 최근 아버지를 통해 잊고 있었던 이야기를 듣게 되었는데 당시 제일기획에서는 필자를 놓치고 싶지 않아 집으로 전화까지 해 아버지를 설득했다고 하셨다.

그때 필자의 전략은 학력의 핸디캡을 극복하기 위해 적극적인 태도로 성의 있게 승부를 건 것이었다. 그렇지 않았다면 쟁쟁한 SKY 출신들과 겨루어 이길 방법이 없었기 때문이다. 삼성전자 면접 때에는 감독관의 질문에 자기소개를 영어와 한국어로 번갈아가며 했다. 국내영업사업부였기 때문에 굳이 영어로 할 필요도 없었지만 패기와 노력을 보여주기 위해 정성을 다해 준비한 것이다. 제일기획 최종 면접 시에는 한복 두루마기를 입고 갔다. 정장의 개념이 양복이 아닌 한복이어도 상관없지 않느냐는 역발상을 보여주기 위함이었다. 모두 해당 회사들의 인재 채용에 대한 니즈를 파악하고 창의적으로 성의 있게 준비한 적극적인 태도가 있었기에 가능한 일이었다. 필자는 이것이 영업 마인드와 무관하지 않다고 생각한다. 실전 영업에서는 자사 상품의 가격과 제품경쟁력이 객관적으로 경쟁사에 밀릴 수 있다. 하지만 인식 싸움에서 밀리지 않으려면 영업대표의 집념과 창의적인 노력이 반드시 필요하다. 거듭 강조하지만 영업은 팩트 싸움이 아닌 인식의 싸움이다. 후보군 중에 이러한 태도를 보이는 사람이 있다면 치기어린 행동과 구분하여 예의주시할 필요가 있다. 교육훈련과 관련해서는 교수자 입장에서 말하건대 우수한 인재들은 굳이 교육을 시키지 않아도 스스로들 알아서 잘한다. 그들에겐 교육보다는 연예기획사처럼 특별 관리를 해주는 편이 훨씬 낫다. 이에 관해선 채용 전에 적절한 합의가 필요할 것이다. 교육은 평균 인력 60%를 위한 것이다. 이 60%의 인력에게 상위 20%에 해당하는 고성과자들의 영업 노하우를 어떻게 이식시킬 수 있느냐는 교육과 영업관리자의 코칭에 달려있다. 하위 20%에게는 기회를 2년 정도 더 주고 그래도 가능성이 없다면 서로를 위해 헤어지는 편이 낫다. 마지막으로 경력 직원 채용 시 유용한 면접 질문 예시를 보여드리고자 한다. 상황에 맞게 응용해서 쓰면 좋을 것 같다. 바라건대 잠재력이 큰 인재들을 잘 뽑아서 최고의 영업인력으로 키워낼 수 있기를 진심으로 기원한다.

●●채용 면접 질문 예시

시간 엄수

이전 직장의 관리자는 당신이 꾸준히 정각에 출근한다고 할까요? 그렇다고 한다면 근거가 무엇이고, 아니라고 한다면 이유가 무엇입니까? 이전 직장의 고용주는 당신의 근태가 어떠했다고 말할 것 같나요?

1) 탁월함 2) 좋음 3) 보통 4) 나쁨

그 이유를 설명하세요.

정돈

이전 직장의 관리자는 당신이 정돈된 사람이라고 할까요?

1) 예 2) 아니오

당신에게 '정돈'이란 어떤 의미인가요?

진실성

당신을 가장 잘 아는 사람들은 당신의 말이 믿을 수 있다고 할까요?

1) 예 2) 아니오

그렇다고 한다면 근거가 무엇이고, 아니라고 한다면 그 이유가 무엇입니까?

신뢰성

옳은 일을 하기 위해 손실을 겪은 적이 있습니까?

1) 예 2) 아니오

그 이유를 설명하세요.

순종

이전 직장의 관리자는 당신이 지시에 잘 따랐다고 할까요?

1) 예 2) 아니오

그렇다고 한다면 근거가 무엇이고, 아니라고 한다면 그 이유가 무엇입니까?

충성과 만족

이전에 일한 회사는 좋은 회사였나요?

1) 예 2) 아니오

그 이유를 설명하세요.

이전 직장의 고용주는 급여 면에서 공정했나요?

1) 예 2) 아니오

그 이유를 설명하세요.

용서와 포용

이전 직장의 관리자는 당신이 얼마나 자주 화를 냈다고 할까요?

1) 전혀 2) 드물게 3) 때때로 4) 자주

근무 중에 어떤 일로 화가 납니까?

동료와 관리자에게 잘못에 대해 용서를 구한 적이 있나요?

1) 예 2) 아니오

그 이유를 설명하세요.

당신이 가장 약한 영역에 표시하세요.

　□ 만족　□ 근면　□ 신뢰성　□ 정직　□ 충성　□ 온유

□ 용서 □ 정돈 □ 진실성 □ 순종 □ 절제 □ 시간엄수

당신이 가장 강한 영역에 표시하세요

□ 만족 □ 근면 □ 신뢰성 □ 정직 □ 충성 □ 온유
□ 용서 □ 정돈 □ 진실성 □ 순종 □ 절제 □ 시간엄수

당신의 목표는 무엇입니까?

이 일이 당신의 목표를 이루는 데 어떤 도움을 줄 거라고 생각합니까?

왜 이 회사를 위해 일하고 싶습니까?

자료 출처 : 탐 힐&월터 젠킨스 공저 『위기 극복의 힘, 성품 DNA : Making character first』

28

일할 맛 나게 동기부여하고
납득하게 보상하라

거래규모에 따른 동기부여의 차이

주방기구 영업사원들을 대상으로 한 동기부여 특강이 한창 진행되고 있다. 스타 강사의 열강이 끝나갈 무렵 강의장의 분위기는 최고조에 다다른다. 강의를 듣고 난 영업사원들은 한결같이 눈빛에서 광채가 나고 당장이라도 밖에 나가 수십 개의 계약을 체결하고 올 것만 같은 분위기다. 강력하게 동기부여가 된 것이다. 그런데 만일 이 스타 강사가 선박이나 반도체와 같은 중대형 규모의 B2B영업대표들을 대상으로 강의를 해도 동일한 반응을 이끌어낼 수 있을까? 시간이 지날수록 교육생들이 먼 산만 바라볼 가능성이 크다. 전자와 같이 거래 금액이 작고 비교적 거래 주기가 빠른 소규모 영업활동에서는 현실적인 목표 설정이 가능하고 실적의 결과가 바로바로 나타나기 때문에 소

좋은 영업관리자를 넘어 전문가 영업관리자로

위 영업사원들을 열심히 일하게 만드는 성취환경을 조성하기가 쉽다. 반면 후자처럼 거래 금액이 크고 거래주기가 일정치 않은 중대형 규모의 영업활동에서는 목표설정을 하기도 실적의 결과를 예측하기도 힘들다. 그렇기 때문에 단순히 이들의 마음에 불을 지펴 열심히 일하게 만들고자 하는 스타 강사의 강연은 흥미를 끌기가 어렵다. 이들에게 더욱 필요한 것은 단순하게 열심히 일하는 차원이 아닌 전략적으로 일하게 만드는 차원에서의 동기부여다. 그렇다면 가장 강력한 동기부여 수단인 실적에 대한 보상은 어떨까? 결론부터 얘기하면 소규모 영업활동이든 중대형 규모의 영업활동이든 돈은 둘 모두에게 기본적으로 중요하다. 다만, 중대형 규모의 영업활동에 있어 돈이 궁극적으로 영업대표들을 전략적으로 일하게 만들지는 않는다는 것을 알아야 한다. 성취욕구가 낮은 영업대표들에겐 해당사항이 아닐지는 모르지만 분명한 건 성취욕구가 높은 영업대표들일수록 영업목표를 수립하는 과정에 자신이 직접 참여하는 빈도가 많을 때 동기부여는 더욱 강화가 된다. 왜 그런지 살펴보자.

중대형 영업에서 필요로 하는 동기부여 수단

허스웨이트는 중대형 영업활동과 관련해 영업대표들의 동기부여에 영향을 미치는 여러 동기부여 이론들을 점검했다. 그리고 마침내 성공적인 동기부여에 결정적인 영향을 미치는 두 가지 요소를 도출했다. 하나는 성취욕구가 높은 영업대표일수록 현실적인 목표설정을 하며 다른 하나는 자신이 관여한 영업목표에 대해 영업관리자로부터 지속적으로 피드백 받기를 원한다는 것이다. 그 이유는 성취 조건 때문인데 자신이 수행한 영업활동과 결과 사이에 어떤 연관성이 있는지를 매우 궁금해하기 때문이다. 앞서 소규모의 영업활동에서는 성취 조건이 대체적으로 단순하다. 가령 콜드콜의 수를 늘리거나 고객과의 만남의 수를 늘리면 그에 비례해 판매가 늘고 보상이 많아진다. 그래서 이들에겐 영업관리자의 개입이 거의 필요가 없다. 본인 스스로가 눈에 보이는 목표와 피드백을 콘트롤해 가면서 영업을 진행해도 무리가 없기 때문이다. 그저 가끔씩 본사에서 마련하는 동기부여 강연에 참여하거나 총괄 매니저가 주최하는 회식에나 참석하면 그만이다. 하지만 중대형 규모의 영업활동에서는 성취 조건이 복잡하다. 모든 영업 단계에서 단순히 활동량을 늘린다고 해서 실적으로 바로 연결되지 않기 때문이다. 심한 경우 계약을 하기까지 1년이 넘는 경우도 있는 등 과정 자체가 지루하고 건조하게 흘러가는 경우가 많다. 그렇기 때문에 여기서는 앞서 우리가 배웠던 코칭과 같은 영업관리자의 개입과 피드백이 매우 적절하게 동기부여 역할을 한다.

영업조직 동기부여 프로그램의 올바른 설계

우리는 종종 '신바람 나는 일터 만들기'라는 말을 듣는다. 회사가 직원들의 근무 만족도를 높이기 위한 다양한 노력들의 일환에서 나온 말로 필자는 알고 있다. 그런데 모든 직장인들에게 있어 높은 연봉만큼 더 큰 근무 만족이 있을 수 있을까? 그중에서도 영업직군은 목표수립과 평가 그리고 보상으로 이어지는 인센티브 벨트가 추가적으로 적용될 때 근무 만족도가 극대화된다. 높은 연봉과 적절한 인센티브 벨트가 신바람 나는 일터의 모든 조건을 충족시키지는 않지만 적어도 일할 맛이 나게 하는 필요조건은 되는 것이다. 그런데 이때 주의해야 할 점이 있다.

첫째, 금전적 보상 프로그램은 먼저 고객을 향해 있어야 한다는 점이다. 연간 100조 원에 가까운 매출액을 달성하는 미국의 대표적인 케이블 통신 서비스 업체 컴캐스트Comcast는 보상 계획을 잘못 세워 낭패를 본 대표적인 사례에 해당한다. 컴캐스트는 자사의 회선 서비스를 해지하고자 하는 고객들을 설득해 서비스를 계속 사용하게 할 경우 보너스를 지급하는 보상계획을 실시했다. 그러자 콜센터 내 영업직원들은 너도 나도 실적급을 받기 위해 고객을 무리하게 설득하기 바빴고 이는 고객의 불만으로 이어졌다. 참다 못한 고객들은 해당 통화내용을 녹음해 구글에 올리기 시작했고 결국 회사는 안 하느니만 못했던 보상 프로그램을 철회해야만 했다. 이외에도 국내외 많은 기업들이 인센티브 제도를 내부 경쟁을 부추기는 측면에서 활용하곤 하는데 특히 영업직군의 경우 고객의 만족과 연계된 시장에서의 동기부여 수단으로 사용하지 않으면 부작용이 생길 수 있음을 간과해선 안 된다. 즉, 영업대표들의 관심이 회사 내부가 아닌 고객에게 향할 수 있도록 프로그램이 설계되어야 한다는 뜻이다.

  둘째, 인센티브 프로그램 설계 시 영업대표를 반드시 참여시킬 필요가 있다. 인센티브 프로그램 설계의 기초는 목표의 수립과 성과의 측정이라는 MBO(Management By Objective, 목표관리)의 두 축으로 이루어진다. 이때, MBO가 확정되기 전 현실적인 숫자만큼이나 중요한 게 영업대표의 참여다. 이유는 영업대표가 자기 숫자라는 인식을 가지고 책임감 있는 자세를 갖게 하기 위해서다. 대기업으로 갈수록 목표 수립과정에서 탑다운(Top-down : 하향 전달식) 방식이 만연한데 바텀업(Bottom-up : 상향 전달식) 방식으로도 영업대표들의 목표를 받아 경영진, 재무팀, 영업관리자가 함께 조율을 해야 한다. 이 과정에서 소위 샌드배깅(Sandbagging : 목표 설정 문제로 서로 밀고 당기는 현상 혹은 엄살을 떠는 현상) 현상이 벌어지곤 하는데 이를 잘만 활용하면 긍정적인 측면이 상당히 많다. 그 배경으로 탁월한 리더들은 동기부여 이론 중 귀인이론을 많이 활용하는데 그 핵심이 '자신이 왜 그것을 받아들여야 하는가'에 대한 이해다. 대체적으로 영업대표들의 목표와 경영진에서 제시하는 목표에는 큰 차이가 있기 마련이다. 이때 영업관리자는 단순히 경영진의 결정을 통보만 해서는 곤란하다. 목표 숫자의 갭Gap은 곧 시장을 바라보는 관점의 갭Gap이기도 하기에 이 간극을 최대한 좁히려는 노력을 보여줄 때 영업대표들은 목표달성에 대한 주인의식이 생겨나고 영업관리자를 신뢰하게 된다. 즉, 절대적인 목표 숫자보다 영업대표를 납득시키는 게 더 중요하다는 이야기다.

무시할 수 없는 비금전적 동기부여

여기에 더해 특히 중대형 규모의 영업활동에서는 비금전적인 동기부여도 무척 중요하다. 대표적인 것이 회사의 경영 및 영업철학과 핵심가치들이 녹여진 유무형의 조직문화이다. 그리고 이러한 조직문화에서 수여하는 시상이나 포상, 표창 등은 돈으로는 따질 수 없는 강력한 동기부여를 제공해 준다. 실제로 필자가 지금까지 25년 동안 크고 작은 기업에서 일을 해본 경험에 비추어보면 회사의 규모와는 크게 관계가 없었다. 오직 해당 회사에서 만들어진 독특한 규칙이나 핵심가치가 영업대표의 가치관에 체화되었을 때 이러한 동기부여가 뿜어져 나왔다. 필자가 삼성전자에서 영업활동을 하던 시절에는 단 한 번도 월급이나 보너스를 기다리며 일을 해본 적이 없었다. 이는 소위 삼성맨이라고 하는 독특한 조직문화가 많은 영업대표들로 하여금 최고를 지향하게끔 했던 것에 기인했다고 볼 수 있다. 사실 필자가 퇴사할 무렵인 2천 년대 중후반까지도 삼성전자는 IT 제품군의 B2C소비재 영업 분야에서나 절대 강자였지 B2B산업재 영업 분야에서는 후발주자나 다름이 없었다. 그럼에도 불구하고 필자를 포함한 많은 동료들은 각자의 영역에서 1등을 이루어내고야 말겠다는 강한 투지와 충만한 프라이드로 업무에 임했다. 또한 필자는 삼성전자하고는 비교 자체도 안 되는 작은 규모의 회사로 이직을 한 이후에도 이러한 동기부여를 계속 유지할 수 있었다. 해당 회사만의 독특한 미션 문화(Mission : 기독교 철학)가 당시의 필자가 지향하는 가치관과 부합했기 때문이었다. 그래서 기업은 리더들을 중심으로 회사의 독특한 규범과 핵심 가치가 담긴 상징적인 조직문화를 만드는 데에도 노력을 기울여야 한다. 물론 이러한 조직문화가 하루아침에 생겨나는 것은 아니지만 중대형 규모의 영업활동에서는 결코 무시할 수 없는 강력한 힘이 됨을 잊어서는 안 된다.

영업 동기부여의 핵심은 영업관리자

두말할 나위 없이 중대형 규모의 영업활동에서 영업관리자는 비금전적 동기부여의 핵심이다. 소규모의 영업활동에서는 영업관리자가 없어도 고객의 정기적인 주문과 그때그때의 실적이 동기를 부여하는 역할을 한다. 하지만 중대형 규모의 영업 활동에서는 결과가 나오기까지 지루한 시간과의 싸움을 필요로 한다. 그렇기 때문에 목표의 수립에서 평가와 보상까지 전 과정에 걸쳐 영업관리자의 개입과 피드백이 실질적으로 제일 중요하다. 거기에 팀 차원의 영역으로 확장하면 영업관리자 역할의 중요성은 더욱 커진다. 앞서 다루었던 전략 코칭과 기술 코칭은 물론 인정과 칭찬을 동반하는 커리어 코칭에 이르기까지 영업관리자는 그 자체로 살아있는 인센티브가 된다.

돈은 영업대표들에게 있어 매우 중요한 동기부여 요소이다. 아무리 회사의 규범이 훌륭하고 핵심가치가 멋져 보여도 합당한 보상이 주어지지 않으면 큰 의미가 없다. 진정한 프로는 자신의 통장에 입금된 금액만큼 일하게 된다는 말이 괜히 있는 게 아니다. 만일 영업대표가 신입이든 경력이든 타 회사와 비교하여 전체적인 총 목표 보상액(TTC : Total Target Compensation)에서 많은 차이가 날 경우 이직을 고려하는 건 당연하다. 그렇기에 영업관리자를 포함한 회사의 리더들은 동종 업계의 평균과 비교해 단 1%라도 높은 수준을 유지할 수 있도록 해야 한다. 다른 부문은 몰라도 영업직군은 특별히 더 그래야 한다. 높은 수준의 TTC는 유능한 영업대표를 스카우트할 수도 있게도 하지만 동시에 그들이 이탈되지 않도록 함으로써 회사의 이익을 지속 가능하게 만들어 주기 때문이다. 회사들은 그래서 알게 모르게 고성과자들에 대한 특별 보상 프로그램을 약속한다.

특별 보상 프로그램은 금전적, 비금전적 방법을 혼용하는 게 좋다. 대표적인 게 가족들까지 고려한 감성적인 혜택을 제공하는 것이다. 현재 모 기업의 임원으로 일하고 있는 필자의 지인 중 한 분은 자신보다도 회사의 복지혜택에 대한 가족들의 충성도가 너무나 커서 회사를 옮기고 싶어도 차마 그럴 수 없다는 말까지 했다. 충분히 일리 있는 얘기다. 영업현장은 경쟁사를 뛰어넘어 고객의 만족이라는 고지를 점령해야 하는 전장과도 같은 곳이다. 이러한 곳에서 신바람 나는 일터라는 개념은 맨날 회식하고 흥겨운 일이 넘쳐나는 곳을 의미하는 게 아니다. 요즘 직원들은 그러한 것들을 바라지도 않는다. 이제 기업의 경쟁력은 영업에서 나온다. 그렇기에 기업은 영업대표들을 진심으로 존중하고 거기에 걸맞게 합당한 대우를 해 주어야 한다. 그리고 그 중심에는 단순하지만 명쾌한 보상 프로그램과 전문가 영업관리자가 함께 존재해야 한다. 영업조직에 있어 영업대표들을 일할 맛 나게 동기부여하고 납득하게 보상하는 영역만큼 더 중요한 일이 있을까?

29

영업 리더십,
그것도 알고 싶다

영업 리더십이란 무엇인가

당신은 진정 최고의 성과를 내는 영업팀을 이끌고 싶은가? 이 질문은 이렇게도 바꾸어 볼 수 있을 것 같다. 당신은 그에 걸 맞은 영업 리더십을 갖추고 있는가? 그렇다면 영업 리더십은 다른 리더십과 어떻게 다르고 구체적으로는 어떠한 역량을 어떻게 갖추어야 하는지에 대해 알아볼 필요가 있을 것이다. 지금 부터 그것에 관한 이야기를 풀어보고자 한다. 우선 필자는 리더십의 동의어를 '본보기'로 개념화한다. 다른 말로는 모델, 거울, 사표師表, 지표指標 등 모범이 되고 올바른 방향성을 제시해 주는 대상이나 정신으로 이해하면 되겠다. 다음으로 영업은 그 범위가 매우 넓지만 이 책에서 주로 다루는 중대형 규모의 영업활동을 진두지휘하는 영업관리자의 영업영역으로 한정하면 좋겠다.

그리고 그 영업영역의 밑바탕에는 다른 리더십들과 확연히 구분되게 만드는 가장 중요한 대상 고객이 늘 자리 잡고 있다는 사실도 잊지 않았으면 한다. 종합적으로 정리하면 다음과 같다. 영업 리더십이란 "고객가치를 실현하기 위한 영업대표들의 본보기가 되는 영업관리자 역량의 총합"이다. 그런데 사실 이렇게만 정리를 하고 나면 개념적으로는 이해가 가지만 실제 다양한 영업채널별 현장으로 들어갔을 때는 영업관리자에게 요구되는 주요 리더십들이 다소 달라짐을 알 수 있다.

영업리더십의 현주소와 나아가야 할 방향

예를 들어 유통영업의 경우처럼 총판이나 딜러들을 대상으로 한 영업에서는 영업대표들의 팀워크를 향상시키는 리더십이 더 필요하고, 개별 영업대표들을 중심으로 한 직판영업이나 프로젝트성 수주영업에서는 고성과 영업대표를 배출하는 육성 리더십이 더 필요한 경우들이 그렇다. 물론, 각각의 리더십이 항상 분리되어 영향력을 행사하는 건 아니지만 말이다.

그런데 안타깝게도 각각이 영업 리더십조차 현장에서 제대로 이행되지 못하는 경우가 많다. 왜냐하면 국내 기업에 종사하는 영업관리자들의 대부분은 아직도 그 타이틀 때문인지는 모르겠으나 말 그대로 관리만 하려는 경우가 많기 때문이다. 마치 관리가 자신들이 해야 할 업무의 전부인 것처럼 보일 때도 많다. 여기서 말하는 관리란 매출 관리가 거의 대부분을 차지하고 나머지는 파트너사들의 거점 재배치나 규율 및 절차준수와 같이 자원분배에 관한 일들이 주를 이룬다. 결과적으로 영업관리자들은 경영진에 수시로 제출해야 하는 매출 보고 관련한 일에 대다수의 시간을 보내게 된다. 그러다 보니 현장 영업지원이나 영업대표들에 대한 코칭, 새로운 비즈니스의 계획 수립 등은 꿈도 못 꾼다. 만일 이러한 상황 속에서 관리의 효율화를 위해 CRM 시스템을 도입하게 되면 어떻게 될까? 한 영업관리자가 말하길 새로운 시스템이 도입될 때마다 오히려 보고해야 할 업무량이 더 많아진다고도 했다.

이렇듯 영업관리자의 업무비중이 시장과 고객이 아닌 회사 내 관리업무로 과하게 향해 있을 때 영업 생산성의 감소나 우수한 영업대표들의 이직 등 여러 가지 문제들이 생겨날 수 있음을 생각해 봐야 한다. 물론 이러한 환경임에도 어떤 대기업의 경우는 아무런 문제가 없다는 듯이 매출목표도 순조롭게 달성되고 직원의 이직율도 잘 관리되는 것처럼 보일 수 있다. 하지만 실제로 속을 들여다보면 거대 시스템에서 발생되는 자연발생적 매출분이나 영업대표들의 동기부여 저하 등이 자리 잡고 있음을 알 수 있다. 즉, 순수하게 영업활동적인 측면에서만 놓고 보면 직원들의 입장에서, 더 나아가 고객의 입장에서 썩 만족할 만한 정성적 데이터는 찾아보기 어렵다는 뜻이기도 하다. 문제는 이러한 현상이 정도의 차이만 있을 뿐 국내 다수의 중소기업에서도 거의 비슷하게 나타난다는 점이다. 이 시점에서 우린 세계적인 수준의 우수한 영업관리자의 업무영역과 영업 리더십을 확인할 필요가 있다. 영업관리자의 성과에 미치는 요인들에 대한 것인데 매우 의미 있는 결론을 도출했다. 참고로 이 결론에서는 신뢰나 책임감과 같은 기본자질은 배제되었다. 주목해 볼 사실은 필자가 계속해서 강조해온 영업관리자의 코칭 역량에 추가해 곤경에 빠진 고객의 문제를 창의적으로 해결하는 문제해결자의 역량까지 새롭게 조명되었다는 점이다.

예측불허의 영업환경에서 필요로 하는 영업관리자의 역량

분명 현실적으로는 전략과 실행 사이의 연결고리 역할만 잘해도 우수한 영업관리자라고 말할 수 있다. 즉, 영업대표들이 고객에게 고유한 관점을 제시하게 한다든지, 고객사 내부에 다양한 이해관계자들이 공감힐 수 있도록 하는 커스터마이징 영업을 돕는다든지 하는 영업 코칭 영역을 말한다.(전략 코칭과 기술 코칭의 영역) 사실, 이 역할만 잘해도 충분히 A- 정도의 평점은 줄 수 있다. 그런데 A++ 이상의 평점을 받기 위해선 조금 전 말한 대로 곤경에 빠진 고객의 문제를 창의적으로 해결하는 문제 해결자의 모습까지 수반되어야 한다. 이를 연구에서는 '영업 혁신'이라는 용어로 설명하고 있는데 의미인즉 영업대표가 영업 수행 과정에서 고객과의 마찰이나 진척되지 않는 일로 헤매고 있을 때 해당 문제를 명쾌하게 해결해 주는 영업 리더십을 말한다. 다시 한번 강조하지만 세계적인 수준의 우수한 영업관리자가 그렇다는 것이다.

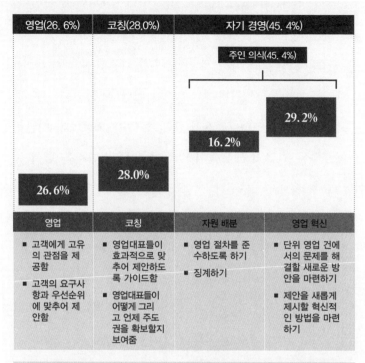

|그림12| 현장 영업관리자의 성과에 영향을 미치는 요인들

영업(26. 6%)	코칭(28.0%)	자기 경영(45. 4%)	
		주인 의식(45. 4%)	
		16. 2%	29. 2%
26. 6%	28.0%		
영업	코칭	자원 배분	영업 혁신
■ 고객에게 고유의 관점을 제공함 ■ 고객의 요구사항과 우선순위에 맞추어 제안함	■ 영업대표들이 효과적으로 맞추어 제안하도록 가이드함 ■ 영업대표들이 어떻게 그리고 언제 주도권을 확보할지 보여줌	■ 영업 절차를 준수하도록 하기 ■ 징계하기	■ 단위 영업 건에서의 문제를 해결할 새로운 방안을 마련하기 ■ 제안을 새롭게 제시할 혁신적인 방법을 마련하기

참고 : 영업관리자의 기본적인 자질은 관리자 능력의 26.6%를 차지하지만, 영업을 관리하는 능력 예를 들면, 영업(selling), 코칭(coaching), 주인 의식(owning)은 나머지 73.4%를 차지함

자료 출처: 챌린저 세일, 매튜 딕슨·브랜트 애덤슨

그렇다면 이와 같은 영업 혁신의 리더십이 필요한 배경은 무엇일까? 그것은 오늘날의 영업환경이 점점 더 복잡해져 가고 경쟁이 더욱 치열해지는 것과 무관치 않다. 과거에는 고객의 문제들이 어느 정도는 패턴화되어 있거나 타입화되어 있었다. 그러나 오늘날은 예상하지 못했던 고객의 클레임이나 문제 제기,

더 나아가 경쟁사의 보이지 않는 견제까지 겹쳐 고객의 총체적인 문제에 대해 발 빠른 대처를 요구한다. 그러니까 막연히 열심히 하는 것보다 전략적으로 민첩하게 대응을 하는 것이 더 중요해졌다는 의미다. 이를 즉흥 요리에 비유하면 이해가 쉽다. 몇 해 전 JTBC에서 인기리에 방영되었던 '냉장고를 부탁해'라는 프로그램이 있었다. 필자가 즐겨 보았던 프로인데 대한민국을 대표하는 최고의 셰프들이 나와 즉흥 요리대결을 펼치는 것이 주요 내용이다. 그런데 이 프로그램의 재미 포인트는 초대된 게스트들의 집에 있는 냉장고를 통째로 스튜디오로 공수해 온 다음 오직 냉장고 안에 있는 재료로만 제한 시간 내에 요리를 완성해야 한다는 것에 있었다. 이때, 냉장고 안의 요리 재료를 보면 부족한 것들 투성이다. 심지어 유통기한이 지난 음식물도 있었는데 이를 보는 셰프들의 표정은 난감하기만 하다. 결국 손에 땀을 쥐는 요리 시간이 끝나고 대표 셰프들이 만든 음식을 각자의 게스트 및 동료 셰프들 그리고 진행자와 함께 시식하며 최종 승자를 가리게 된다. 이를 영업적인 상황에 비추어 보면 고객은 냉장고의 주인, 경쟁사는 동료 셰프들, 고객의 문제는 냉장고 안의 난감한 요리 재료들로 비유해 볼 수 있다.

이 상황은 미리 준비된 레시피에 적당한 요리시간이 주어져 있는 과거의 영업환경이 아니다. 레시피도 없음은 물론 제한

된 재료와 시간을 극복해 최대한 창의적으로 요리를 만들어 고객을 만족시켜야만 하는 오늘날의 영업환경과 유사하다. 이것은 기존의 알려진 행동 방식을 통해 성과창출을 하는 예측 가능한 영업 코칭의 영역이 아닌 예측할 수 없는 장애물을 돌파하여 창조적으로 성과창출을 해야만 하는 영업 혁신의 영역과도 같다. 이해를 돕는다면 오늘날 중대형 규모의 예측불허한 영업환경에서는 고객의 구매 프로세스나 솔루션이 복잡해질수록 이미 아는 것을 잘하는 능력보다 모르고 있었던 것을 해결하는 능력이 더욱 중시된다. 그렇기 때문에 영업 리더십은 하나의 고정된 틀로 묶여서는 안 되고 일종의 성과 창출형 상황대응 리더십이 되어야 한다. 그렇다면 이와 같은 역량은 어떻게 만들어질 수 있을까? 사실 이것은 독자 분들도 느끼시겠지만 쉬운 일은 아니다. 오직 잘 짜여진 훈련 프로그램을 통해 오랜 시간 연습하고 실전에 적용했을 때 기대할 수 있는 것들이기 때문이다. 그렇지만 이와 같은 성과 창출형 상황 대응 리더십을 평소 업무현장에서 강화하는 데 도움이 되는 팁 세 가지를 제시하고자 한다.

성과 창출형 영업리더십을 위한 세 가지 팁

첫째, 영업을 방해하는 편견으로부터 벗어나자. 먼저 아래의 퀴즈를 함께 풀어보자.

♦ 다음은 외국 정치인에 대한 설명이다. 누구를 가리키는지 답하시오.

① 부패한 정치인과 결탁한 적이 있으며, 점성술로 결정을 내리고, 2명
   의 부인이 있었고, 매일 줄담배를 피우고, 하루에 9~10병의 마티니
   를 마셨다.

정답: (   )

② 회사에서 두 번 쫓겨난 적이 있으며, 정오까지 잠을 자고, 대학 때
   마약을 복용했고, 매일 한 번씩 위스키 1/4병을 마셨다.

정답: (   )

③ 전쟁 영웅으로 채식만 했으며, 담배도 안 피우고, 필요할 때만 맥주
   를 조금 마셨다. 불륜을 저지른 적이 없고, 평생 단 한 명의 애인만
   사귀었다.

정답: (   )

정답은 ① 루스벨트, ② 처칠, ③ 히틀러이다. 놀랍지 않은가?
필자도 처음엔 눈을 의심했다. 가장 훌륭할 것 같은 ③번의 주
인공은 다름 아닌 600만 유태인을 학살한 아돌프 히틀러였다.
이와 같은 고정 관념은 우리의 영업 현장에도 만연한다. 물론
이러한 편견들이 무조건 나쁜 것만은 아니다. 때로는 불필요한

옵션들을 제거함으로써 우리의 솔루션을 빠르게 최적화할 수도 있기 때문이다. 하지만 성과 창출형 영업 리더십에선 창의적인 대안들을 방해하는 요소로 작용되기도 하므로 영업관리자는 편견을 버리고 항상 열린 마인드의 자세로 시장과 고객을 마주할 필요가 있다.

둘째, 고객과 영업대표가 처한 어떠한 어려운 상황 속에서도 다음과 같은 자문을 통해 문제의 해결점들을 찾아낼 수 있어야 한다. "고객의 계약 취소를 어떠한 방법으로 철회시킬 수 있을까?", "이 상황을 타개할 수 있는 다른 효과적인 대안책은 없는가?", "고객이 요구한 가격을 대체할 획기적인 제안 방법은 무엇일까?", "영업대표를 독려할 수 있는 새로운 아이디어는 어디에서 찾을 수 있을까?" 등이다. 위기 속에서 다시 한번을 되새겨가며 또 다른 돌파구를 마련하려는 모습이야말로 성과 창출형 영업관리자의 전형적인 특징이다. 셋째, 어떠한 경우라도 성과를 창출하고 영업대표를 성장시키고야 말겠다는 영업관리자로서의 주인의식 곧 자기경영 마인드이다. 이는 영업 리더십의 마지막 퍼즐이라고도 볼 수 있는데 필자가 이 장 맨 처음에 던졌던 질문인 "당신은 진정 최고의 성과를 내는 영업팀을 이끌고 싶은가?"에 대한 결연한 마음가짐이기도 하다. 이러한 마음가짐은 스스로를 고용하고 실패를 책임지는 기업가 정신과도 맞닿아 있다. 잘 한번 생각해보라. 영업 리더십은 철저히 성과를 창출하기 위한 것에 기초하지만 영업대표를 지원하고 도움으로써 자신을 완성하는 진정한 리더의 모습을 담고 있지 않은가? 이는 누구나 할 수 있는 일처럼 보여도 결코 아무나 할 수 없는 전문가의 영역이다.

영업은 결과로 모든 걸 말하는 비즈니스다. 필자도 여기에 99% 동의한다. 다만, 그러다 보니 오랜 세월 국내의 많은 영업 조직이나 리더들은 오로지 매출만 달성하는 데 혈안이 되어온 게 사실이다. 즉, 매출만 달성된다면 그 어떠한 것도 용서받을 수 있을 것만 같았던 문화였다. 그런데 이제는 패러다임이 완전히 바뀌었다. 특히, 중대형 규모의 영업활동 분야에서는 시간이 갈수록 이러한 영업 마인드로는 통하지 않을 것이다. 당연히 매출도 따라올 수 없으며 머지않아 대다수의 고객들은 준비된 경쟁사로 떠나갈 것이다. 바로 이때 미래를 준비하는 기업과 리더들은 다음과 같은 리더십을 실행할 영업조직을 구축해야 한다. 고객에게 새로운 관점을 제시하게 하는 영업 지원 리더십, 고객을 주도하며 맞춤식 제안을 할 수 있도록 하는 코칭 리더십, 자원을 배분하고 현장에서 발생하는 고객의 문제를 혁신적 대안으로 해결하는 자기경영 리더십이 그것이다. 이 모든 것은 영업대표의 원활한 영업활동을 돕기 위한 전문가 영업관리자의 지원이며 동시에 자신과 회사를 위한 성과 창출형 영업 리더십이다.

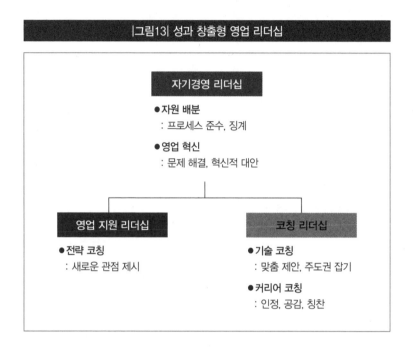

|그림13| 성과 창출형 영업 리더십

자기경영 리더십

● **자원 배분**
: 프로세스 준수, 징계
● **영업 혁신**
: 문제 해결, 혁신적 대안

영업 지원 리더십

● **전략 코칭**
: 새로운 관점 제시

코칭 리더십

● **기술 코칭**
: 맞춤 제안, 주도권 잡기
● **커리어 코칭**
: 인정, 공감, 칭찬

30

고객 관계관리 전략 I : 고객의 이탈을 막는 시장관리

고객들의 이탈 움직임을 파악하기

기업영업에 있어 고객관리가 중요한 이유는 기존 고객과의 장기거래를 통한 이익의 확보에도 있지만 자칫 손을 놓거나 소홀해지기 쉬운 고객들의 이탈을 막아 꾸준하게 영업기회를 발굴하고자 함이 크다. 그래서 영업관리자는 영업대표들의 시장 내 고객터치에 있어 사각지대가 발생하지 않도록 시장관리를 철저히 할 필요가 있다. 필자의 경험상 고객 관계관리가 가장 타이트하게 이루어지는 영역은 전속 유통 대리점 영업이었다. — 이들은 파트너사이지만 엄연한 고객이기도 하다 — 당연히 전속 대리점들은 본사 비즈니스에 대한 충성도와 열의가 매우 높았는데 이유는 뭐니 뭐니 해도 사업적으로 돈이 되었기 때문이다. 전속 유통영업의 특징은 시장의 매기(買氣: 상품을 사려는 분위기)

가 좋든 나쁘든 본사 영업조직과 동고동락을 한다는 점이다. 그렇게 함께 울고 웃으니 그 관계가 얼마나 돈독했겠는가. 그런데 그렇게 끈끈한 관계가 유지되다가도 본사 영업대표들이 암행 영업을 나갈 때가 있다. 암행 영업이란 시장에서 대리점들의 가격 교란행위를 적발하거나 본사의 영업 정책을 잘 이행하지 않는 대리점들의 동태를 살피는 활동이라고 보면 된다. 가령, 특별한 이유 없이 시장 확대 영업을 게을리하는 대리점들을 살펴보니 부동산 매입이나 타 비즈니스의 접촉 등에 대부분의 시간을 쏟는 경우들에 해당한다. 한마디로 딴짓을 하는 거다. 이유야 어찌되었든 이 모든 것은 본사로부터 이탈하고자 하는 고객의 움직임이다.

성과가 나지 않는 영업조직들의 특징

그에 비해 결속력이 현저히 떨어지는 직판 영업은 고객사들에 대한 영업터치가 개별 영업대표 차원에서 이루어지는 경우가 많아 관리의 사각지대에 놓인 고객의 이탈이 자주 발생한다. 주력 고객사들이야 경영진부터 영업대표에 이르기까지 모두가 관심을 두기에 그나마 큰 문제가 안 되지만 기존 거래처 중 관계가 소홀해진 고객사나 장기적 차원에서 전략적으로 관리해야 할 고객사, 특정 시점에서 지원이 필요한 고객사들에 대해서는 영업관리자가 정기적으로 고객사 DB를 업데이트 하면서 판매 경로 관리의 효율을 높여 나갈 필요가 있다. 실제 필자가 교육 현장에 가보면 교육담당자로부터 다음과 같은 요구들을 심심치 않게 받는다. "영업사원들이 사무실에만 있고 고객을 잘 안 만나는 것 같습니다. 정신 좀 번쩍 들게 해주세요.", "영업관리자들도 손을 놓고 있는 것 같아 보여요. 맨날 코로나 핑계만 대고 있으니…." 이러한 현상이 벌어지는 주된 이유는 고객 접점 유지의 중대성에 대한 인식 부재와 전략적 고객 관계관리에 대한 이해부족에서 비롯된 경우가 많다. 그리고 이러한 영업조직들의 특징들을 살펴보면 성과가 나지 않는 영업조직들에게서 나타나는 동일한 특성들이 있음을 알 수 있다.

첫째, 현상유지 마인드에 갇혀 있다. 이는 영업조직을 병들게 하는 가장 암적인 요소로서 보통은 주력 고객사들로부터 나오는 기본 매출에만 의지하려는 경향이 큰 것을 말한다. 이럴 경우 가장 큰 문제는 시장 매기에 따라 매출이 널을 뛴다는 점이다. 즉, 주력 고객사 매출이 좋으면 우리도 좋고 나쁘면 덩달아 나쁘게 된다. 주도적으로 매출 감소 요인을 선제적으로 파악해 매출 리스크를 피해야 하는데 안타깝게도 이들의 머릿속엔 고객이 없다. 이렇다 보니 영업대표들이 적극적으로 고객을 접촉하려고 하지 않는다.

둘째, 영업대표들이 가격과 제품 탓만 한다. 실제 그럴 수 있다. 기본적으로 가격과 제품은 영업대표들의 전략 그 자체가 되기 때문이다. 이 부분에 대해 필자가 간과하지 않고 있음은 이미 여러 번에 걸쳐 강조해왔다. 문제는 오로지 영업을 가격과 제품으로만 하는, 그래서 수주가 안 되면 모든 원인을 가격과 제품 탓으로만 돌리려는 영업대표들이 많은 영업조직일수록 고객은 뒷전에 있다는 사실이다. 심한 말로 가격으로만 영업을 할 것 같으면 생산부서에 견적서 쓰는 담당 한 명만 있으면 된다. 자사의 제품 부실만 들추어 낼 것 같으면 그냥 다른 회사로 이직을 하는 편이 빠르다. 특히나 중대형 규모의 영업활동에서 고객을 중심에 두지 않을 경우 이러한 태도가 만연한데 한마디로 솔루션 영업에 대한 자신감이 없으므로 고객을 만나는 것 자체가 두려운 것이다. 마지막으로, 신규 고객이나 휴면 고객과 같이 잠자는 고객 발굴 영업을 게을리한다. 주력 고객사가 무척 중요하고 비용절감 측면에서도 유리한 걸 모르는 사람은 없다. 하지만 지혜로운 영업조직은 언제나 이들 잠자는 고객에 대한 관리 포인트를 놓지 않는다. 왜냐하면 지금의 주력 고객사도 언제든 시장 상황에 따라 매출 하락세로 전환될 수 있음을 잘 알고 있기 때문이다. 그런네 눈여겨봐야 할 것은 이들 잠자는 고객들을 찾아 적극적으로 영업터치를 하는 영업조직에서는 두 번째와 첫 번째에 해당하는 부정적인 요소들이 잘 보이지 않는다는 점이다. 이미 고객 접점 유지와 전략적 시장관리를 몸소 실천하고 있기 때문이다.

영업관리자의 의지와 역량이 중요

이 모든 고객의 관계관리 성패의 열쇠는 사실상 일선 영업관리자의 의지와 역량에 달려 있다. 그럼에도 이들을 통해 쉽게 들을 수 있는 얘기는 이렇다. "다양한 고객사 어프로치, 잘할 수 있다면 저희도 좋죠. 그런데 당장 이번 달 매출 달성하는 것도 버겁습니다." 그러면서 그들이 취하는 전략 아닌 전략의 대부분은 주력 고객에 대한 집중이다. 그렇다고 자세히 들여다보면 주력 고객 영업을 탁월하게 잘하는 것도 아니다. 영업관리자가 이런 태도이니 영업대표들의 영업활동도 별반 다를 게 없다. 우선은 당장 이번 달 실적에 도움이 되는 고객들 위주로만 몰려다니다 보니 어떻게 꾸역꾸역 매출은 마감을 한다. 그런데 문제는 거기서 끝이 아니다. 이번 달에도 한정된 고객 안에서 쥐어 짜내는 영업에 스트레스를 받았는지 다음 달부턴 잠자는 고객들도 미리미리 찾아봐야겠다고 다짐도 해보지만 정작 다음 달이 와도 같은 일상만 반복될 뿐이다. 이러한 영업조직에선 비약적으로 실적이 호전되는 소위 퀀텀 점프Quantum jump 효과를 기대하기가 어렵다. 모든 걸 운에 맡겨야 하기 때문이다. 그런데 원래 B2B영업의 묘미는 작은 영업기회를 폭풍 성장으로 이끄는 퀀텀 점프에 있다. 일종의 인큐베이팅Incubating 영업인데 이러한 사례들을 많이 만들면 만들수록 매출은 물론 건강하고 튼튼한 영업조직을 구축하는 등 일석다조의 효과를 볼 수 있다. - 최소 일석삼조의 효과는 본다 - 그렇다면 제일 먼저 영업관리자가 구축해야 할 고객 관계관리 전략의 첫 번째 과제는 무엇이 되어야 할까?

고객의 이탈을 막는 시장관리

그것은 보유한 모든 고객 DB를 가치 특성별로 그룹핑하는 촘촘한 고객 분류이다. 이때 놓치지 말아야 할 것은 첫째, 고객의 정량적인 실적 데이터와 정성적인 히스토리 자료를 영업대표와 함께 크로스 체크Cross check해야 하고 둘째, 자사가 보유한 고객 DB 이외의 잠재고객도 포함시켜야 한다. 왜냐하면 이 과정에서 소위 잭팟Jackpot을 터뜨릴 수 있는 가능성 있는 고객들을 누락시키지 않기 위함이다. 다음의 그림은 필자가 그룹핑하는 방식이다.

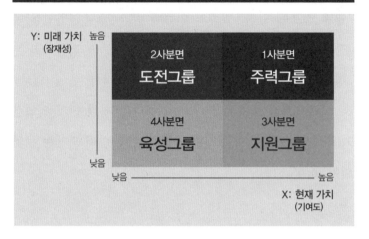

|그림14| 가치 특성별 고객사 그룹핑

Y: 미래 가치 높음
(잠재성)

| 2사분면 | 1사분면 |
| 도전그룹 | 주력그룹 |

| 4사분면 | 3사분면 |
| 육성그룹 | 지원그룹 |

낮음

낮음 ─────────────── 높음

X: 현재 가치
(기여도)

X축은 고객의 현재가치로서 과거로부터 현재까지의 실적을 통한 기여도이고(정량적 데이터), Y축은 현재로부터 미래에 기여할 미래가치로서 태도, 역량, 영업기회 등에 관한 잠재성을 의미한다.(정성적 히스토리 자료) 이렇게 그룹핑을 한 후 각각의 사분면에 위치한 그룹에 맞게 목표와 활동사항을 정리하고 적합한 담당자를 내정하면 첫 번째 과제가 완성된다. 그럼 하나씩 살펴보도록 하자. 우선 1사분면에 위치한 주력그룹은 기여도와 잠재성에서 모두 높은 점수를 받은 고객사들로 관계사나 충성고객 등이 해당된다. 이곳에는 자사 내 보유한 영업인력 중 가장 역량이 뛰어난 과장급 이상의 베테랑 영업대표를 배정한다. 관리항목으로는 오래된 관계로 인해 진부한 거래가 되지 않도록 영업대표의 고객사에 대한 신규제안 건수 등을 정기적으로 점검

한다. − 새로운 정규 이닝의 반복이 기억나시길 바란다 − 다음 2사분면은 도전그룹으로서 잠재성이 큰 고객사들이다. 주로 경쟁사의 메이저 고객이나 앞으로가 기대되는 신생 기업 등이 해당된다. 지금 당장은 기여도가 없지만 시장 확대 차원에서 꾸준히 터치할 필요가 있는 곳들이다. 대신 이 영역에는 영업비용 및 운영의 효율성을 위해 대리점이나 협력사를 전면에 내세운 후 대리급 이상의 영업대표를 배정해 운영한다. 관리 항목으로는 새로운 영업기회의 파악과 윈백(Winback: 경쟁사를 자사로 편입하는 것)활동을 정기 점검한다. 다음 3사분면은 지원그룹으로서 주로 특정 계절이나 이슈에만 매출이 발생하는 고객사들이 해당된다. 이곳에는 대리급 이하의 젊은 영업대표를 배정해 운영하고, 관리 항목으로는 매출 극대화를 위해 지원사항 등을 점검한다.

가장 소홀하기 쉬운 4사분면은 육성그룹으로서 지금은 거래가 없지만 과거 단 한 번이라도 거래실적이 있었던 고객사 등이 해당된다. 특히, 이 영역은 마케팅 조직과 협의하여 자체 콘택센터 등을 운영하면 좋다. 주로 신제품이 출시되었거나 전략적으로 시장 확대를 가져가야 할 오퍼링 제품(가격이 세팅된 패키지 상품 등)이 있을 경우 E−DM이니 아웃바운느 골을 통해 고객터치를 하고 영업기회를 생성시킨다. 이를 통해 발굴된 영업기회 중 육성그룹이나 도전그룹에 부합하는 고객사를 발견 시에는 마케팅과의 사전 조율을 통해 인계를 받고 담당 영업대표를 배정해 관리한다. 그 외의 영업기회는 지역 대리점이나 협력사에게 인계하면 된다. 특징적인 것을 중심으로 정리를 하면 2사분면의 도전그룹과 4사분면의 육성그룹의 경우에는 대리점과 협력사의 참여를 유도해 최대한 비용 효율성을 높이고 1사분면의 주력그룹과 3사분면의 지원그룹의 경우에는 영업대표의 직접영업 빈도를 높여 고객사의 만족과 영업 생산성 향상에 힘을 쏟도록 한다. 이렇게 고객사를 가치 특성별로 그룹핑을 하고 분류해 영업대표들에게 역할을 부여하면 관리 포인트의 효율성을 높일 수 있다. 또한 사각지대에 놓인 고객사의 누락이 없기에 영업기회를 놓칠 우려도 줄어든다. 이와 같은 그룹핑 활동은 아무리 못해도 분기에 한 번씩은 하는 게 좋다. 처음에만 고생이 조금될 뿐이지 업데이트 할 때마다 작업량도 줄어들어 부담도 없다.

고객 관계강화를 위한 영업관리자의 올바른 수행활동

이렇게 고객사 그룹핑까지 완성되면 그 다음으로 신경 써야 할 것이 주요 고객과의 선별적 만남이다. 평소 영업대표에게 영업 코칭을 충실히 한 영업관리자라면 이미 어떤 영업대표에게 시간을 더 많이 할애해야 하고 그에 따라 어떤 고객을 만나야 할지가 정해졌을 것이다. 그림14에 의거 주력그룹과 지원그룹에 해당하는 고객사들 중 매출 기여도가 높으면서 영업성과가 우수한 영업대표들의 고객사를 교집합으로 하여 우선순위를 정한 후 만남의 횟수나 질을 높여가면 좋다. 냉정하게 들릴지 모르지만 영업대표 중 저성과자와는 가급적 시간을 보내지 않는 것도 효율을 높이는 방법 중 하나이다. 아래의 자료는 이에 대한 근거를 제공한다.

|표4| 성공한 영업관리자들이 영업대표들과 보내는 시간 비율		
세일즈맨 (성과범주)	매니저 (현장 공유 시간)	현장 공유 목적
우등	50%	관계강화 장애요소 제거 추가지원 필요 여부 파악 독려와 개발
신입	25%	교육, 평가, 감시
생존	10%	감시
열등	15%	대체인원 선발 주요 어카운트 파악

자료 출처: DISCOVER YOUR SALES STRENGTHS/ Benson Smith & Tony Rutigiliano

지금까지 고객의 이탈을 막는 고객 관계관리 전략 중 시장관리에 대해서 알아보았다. 방법론적으로는 사내외의 고객 DB를 가치 특성별로 그룹핑을 한 후 고객을 분류해 적절한 인력과 협력사를 배정하고, 영업성과가 우수한 영업대표에 대한 시간투자를 더 많이 할애하며, 이를 통해 주요 고객과의 선별적 만남을 양적으로 또 질적으로 향상시켜 가는 것으로 요약해 볼 수 있다. 이제 남은 과제는 개별 영업대표들이 고객과의 개인적인 관계를 강화할 수 있도록 지원하고 독려하는 일일 것이다. 결국 실전에서 고객에게 가치를 제공하여 관계를 구축하는 일이 가장 중요한 일이기 때문이다. 그렇다면 영업관리자인 당신은 고객과의 관계 강화를 위해 어떠한 메시지를 영업대표들에게 줄 것인가? 아님 그냥 위임만 하고 말 것인가? 글로벌 TOP 20 B2B 세일즈 훈련기관인 레인그룹은 그들의 연구 저서인 『최고의 영업은 무엇이 다른가(원제 : Insight Selling, 마이크 슐츠, 존 도어)』에서 지난 몇 년간 최고의 성과를 올린 전 세계 영업대표들의 주요 특성으로 고객과의 개인적인 관계를 구축하는 능력을 꼽았다. 그리고 관계구축의 핵심적인 요소로 신뢰를 강조했다. 흥미로운 사실은 서양권, 더 좁게는 북미권의 중대형 규모의 기업영업활동에서도 그동안 상대적으로 저평가되어 온 호감이나 친밀성, 진실성과 같은 인간적인 요소들이 과거에 비해 신뢰의 중요한 축으로 조명받기 시작했다는 점이다. 하지만 그렇다고 해서 유능함을 배제한 인간적인 요소만을 가지고 신뢰 기반의 관계 구축이 가능하다고 말하는 근거는 어디에서도 찾아볼 수 없었다. 그런데 우린 이미 참고할 수 있는 좋은 근거를 가지고 있다. 정직, 경청과 같은 영업관리자의 기본 자질이 성과에는 직접적으로 영향을 주진 못해도 역할 수행에 있어 결코 배제할 수 없는 중요 덕목이었듯이 영업대표의 고객 관계 강화 구축에서도 이와 같은 맥락으로 해석하고 코칭한다면 크게 무리가 없지 싶다. 문득 영화 제목이 하나 생각났다. '여자는 남자의 미래다.' 그렇다. '영업관리자는 영업대표의 미래다.'

31

고객 관계관리 전략 Ⅱ : 고객가치에 집중하는 고객관리

고객가치에 집중하는 고객관리의 의미

방금 전 우리는 고객 관계관리 전략 중 시장관리에 대해 알아보았다. 이 장에서는 두 번째 스텝으로 고객관리에 대해 이야기해보고자 한다. 중대형 규모의 기업영업활동에서 고객관리는 관계영업에 더욱 집중할 것을 요구한다. 다만 과거의 관계영업이 관계 맺음을 수단으로 한 단순 거래지향 활동에 목표를 두었다면 오늘날의 관계영업은 전문성을 수단으로 한 지속적인 관계강화에 목표를 두어야 한다. 물론, 목적은 기업 고객 간 상호 이익의 확장에 있다. 그리고 지속적인 관계강화를 가능케 하는 핵심적인 요체는 바로 고객가치다Customer value. 고객가치는 현대 경영전략의 핵심으로 더욱 중요시되고 있으며 가치영업을 통해 고객에게 전달돼야 한다. 그런데 영업관리자의 입장에서 영업대표들에게 고객가치의 개념을 설명하고 강조하는 게 그리 쉬운 일만은 아니다. 대부분의 경우 사무실 벽이나 고객 행사에서 외치는 슬로건으로 쓰이거나 혹은 자사의 제품과 서비스의 기능적 혜택을 고객가치로 혼동하여 설명하는 경우가 더 많아 보일 정도다. 하지만 고객가치는 철저하게 고객의 관점에서 고객이 인정하는 인식의 크기로 결정됨을 잊어서는 안 된다. 다음은 필자가 강의 현장에서 고객가치를 설명할 때 쓰는 예화다. 현재 고객이 먹고 싶은 것은 소고기다. 그런데 당신이 공급할 수 있는 것은 오직 돼지고기뿐이다. 이때 당신은 어떻게 고객으로서의 가치를 발굴해낼 수 있겠는가? 잠시 생각해보기 바란다.

생각해 보셨는가?

일단 첫 번째는, 고객으로 하여금 소고기를 포기하고 돼지고기를 먹게끔 하는 방법이 있다. 어떻게든 고객으로 하여금 소고기의 욕구를 떨어뜨리고 돼지고기의 욕구로 바꿀 수만 있다면 문제는 해결되는 것이다. 이때 필요한 역량은 현란한 설득의 기술이다. 그런데 여기엔 부작용이 하나 있다. 당신이 돌아가고 난 후 고객의 마음속에 남는 뭔지 모를 찝찝함이 그것이다. 인간은 기본적으로 상대의 강요나 설득으로 자신의 욕구가 침해되었을 때 반발하는 심리적 기제가 있다는 사실을 간과

한 것이다. 아마도 이 고객은 다시는 당신을 찾지 않을 가능성
이 높다.

두 번째 방법으로는 당신이 제공할 수 없는 소고기를 외부의
협력사를 통해 공급하는 것이다. 물론, 남는 마진은 거의 없거
나 손해다. 그럼에도 일단은 고객의 욕구를 채워주었으니 고객
은 만족한다. 당신에게 이익이 되지 않은 것은 안타깝지만 적어
도 고객이 이탈되는 것은 막았기에 절반의 성공은 이룬 셈이다.
마지막으로는 외부에서 소고기와 오징어를 함께 구해서 돼지고
기와 패키지로 판매하는 것이다. 이때 중요한 것이 고객이 생
각하지 못했던 새로운 레시피를 함께 제공하는 것이다. 옵션으
로 소스를 하나 끼워줘도 좋다. "오늘은 소고기를 맛나게 드시
고 내일부터는 기호에 맞게 오삼불고기를 만들어 드셔보세요.
요일마다 새로운 맛의 즐거움을 느끼실 거예요." 갑자기 고객은
입안에 침샘이 고이며 흔쾌히 당신의 제안을 받아들인다. 제안
받은 솔루션이 마음에 들었는지 그날 이후로 추가주문을 계속
해온다. 그저 간단한 궁리를 더한 것뿐인데 고객은 더욱 만족해
하고 매출은 늘어만 간다. 고객가치가 실현된 것이다. 고객에게
맑은 날씨를 약속할 수는 없어도 비가 올 때 우산을 바쳐주겠다
는 각오로 임한 것이 좋은 결과로 나타나 마음마저 뿌듯하다.

진정한 영업은 고객가치의 실현

명품이 존재하는 이유는 고객이 인정하는 가치의 크기가 크기 때문이지 물리적인 속성 값 때문이 아닌 걸 모르는 이는 없다. 같은 맥락으로 영업에도 명품이 있다면 제품 자체의 속성 값이 아닌 고객의 관점에서 고객의 숨겨진 욕구까지 찾아 제안했을 때 그것이 곧 명품 영업이고 가치영업이 되는 것이다. 그런데 분명 가치영업이라는 말만 들어도 머리에 쥐가 나는 사람들이 있을 것이다. 우선 가치영업을 제대로 해본 경험이 별로 없거나 우리가 보유한 제품이 이미 제품적 가치를 반영해서 세상에 출시가 되었는데 도대체 무얼 어떻게 고객가치를 실현할 수 있느냐며 푸념 섞인 소리를 하는 영업대표들에 해당한다. 당연히 영업 전략에 있어 가격의 속성으로 접근해야 하는 영업기회가 더 많고 그것 자체가 나쁜 것도 아니지만 이런 방식으로만 영업을 할 경우 어느 순간 영업이 재미 없어지고 보람도 느낄 수 없어 영업라이프에 깊은 회의감이 찾아들게 된다. 물론 꼭 재미와 보람을 위해서만 하는 것도 아니고 직업적 회의감이 영업에서만 나타나는 건 더더욱 아니겠지만 고객을 상대로 하는 영업활동에서 고객가치를 실현했을 때 찾아오는 기쁨을 맛보지 않고서는 진정한 영업활동을 했다고 말하긴 힘들다. 무릇 영업관리자라면 고객관리의 기본은 고객의 고민을 내가 대신해서 한다는 마음을 가지고 항상 고객의 관점에서 궁리하는 자세를 가질 것을 수시로 강조할 수 있어야 한다. 어차피 과거처럼 술 잔 기울이고 호형 호제하며 고객 관리하던 시대도 지나가고 있으니 말이다. 한마디로 리셋Reset이 필요하다는 얘기다.

새로운 고객가치를 창출하는 사례연구

가끔은 다음과 같은 예화를 들려주며 함께 토론도 해보자. 이미 많이 회자된 이야기이지만 고객가치를 화두로 쓰는 데 있어 이만한 것도 없다. 모 회사에서 영업부 지원자들에게 "스님에게 나무빗을 팔라."는 과제를 주었다. 대부분의 응시자들이 "머리 한 줌 없는 스님에게 어떻게 빗을 팝니까?" 하며 포기했지만 세 사람은 계속 도전하여 각각 빗 1개, 10개, 1,000개를 팔았다. 면접관이 어떻게 팔았느냐고 묻자 1개를 판 사람은 "머리를 긁적이는 스님에게 통사정을 해서 팔았다."고 했고, 10개를 판 사람은 "불자들의 헝클어진 머리를 단정하게 다듬고 불공을 드려야 한다고 설득했습니다."라고 대답했다. 1개를 판 사람과는 접근 방법이 달랐던 것이다. 그렇다면 1,000개를 판 사람은 어땠을까? 그는 유명한 절의 주지스님을 만나 이곳까지 찾아오는 불자들에게 소중한 선물을 해야 한다며 "빗에다 스님의 필체로 '적선소(積善梳 : 선을 쌓는 빗)'라고 새겨주면 더 많은 불자가 찾아올 것"이라고 설득했다. 일리가 있다고 생각한 주지스님은 나무빗

1,000개를 사서 불자들에게 선물했고 반응이 폭발적이어서 수만 개의 빗을 추가주문했다. 관점의 차이가 영업에서 얼마나 다른 결과를 낳는지를 단적으로 보여주는 이야기이다. 분석해보면 1개를 판 사람은 자기에게 초점을 맞추었다. 자기 처지를 하소연하여 동정심에 의존한 것이다. 10개를 판 사람은 절을 찾는 불자들을 생각했다. 그래도 조금은 발전했다. 그런데 1,000개를 판 사람은 주지스님의 성공 비즈니스에 눈을 돌렸다. 철저하게 고객의 관점에서 궁리한 것이 창의적 제안으로 열매를 맺은 것이다.

같은 맥락으로 피터 드러커의 저서 『변화 리더의 조건』에 나오는 에스키모인들에게 냉장고 판 사람의 이야기에도 같은 원리가 작용한다. ― 솔루션 영업의 사례로 설명이 안 되면 자칫 영업을 가십Gossip거리로 인식할 수 있으니 주의하자 ― 잠시 적선소의 사례를 상기하며 또 한 번 궁리를 해보자. 결론부터 얘기하면 냉장고의 판매 콘셉트를 '음식물을 얼어붙지 않도록 하는 기계'로 설정한 것이다. 주변 온도가 영하 수십 도인 곳에서 어류의 해동과 맛의 최적화라는 것을 적정 온도의 개념으로 제안했을 때 고객의 가치가 새로운 차원에서 실현되는 개념이다. 적선소 사례나 이 경우 모두 가치영업을 통해 고객관리가 이루어졌기에 고객과는 장기적인 관계로 발전할 가능성이 매우 높다. 이와 같이 영업대표는 제품 고유의 속성에만 의지하지 않고 고객의 상황에 맞추어 맞춤식으로 변형시킬 수 있어야 한다. 고객관리가 기존 고객에게 초점이 맞추어져 있든 신규고객에게 맞추어져 있든 이 역할은 똑같이 요구되는 솔루션 영업역량이다. 물론 현실영업에선 제안 내용에 합당한 정성적 또는 정량적 효과까지 증명할 수 있는 근거와 사례, 데이터 등을 제시할수 있어야 한다. 그러나 결코 이것이 어렵고 부담스러운 일만은 아니다. 특히, 영업관리자가 함께 영업대표의 곁을 지켜만 주어도 즐겁게 아이데이션이 가능해진다. 주는 것만 파는 생각하지 않는 영업으로는 어느 순간 고객관리에 구멍이 날 수가 있다. 경쟁자가 개입하기가 쉽기 때문이다. 하지만 고객의 관점에서 궁리해 새로운 고객가치를 제공하는 영업에는 개입할 틈이 좀처럼 보이지 않는다.

영업 CRM 시스템의 구축과 활용

이와 더불어 고려해야 할 것이 영업CRM(Customer Relationship Management : 고객관계관리를 위한 전사 마케팅 및 영업관리 소프트웨어 시스템)의 구축과 활용이다. 고객관리의 핵심이 고객가치의 실현임을 잘 인식하고 있는 영업조직이라면 CRM이 고객유지 및 확보에 큰 도움이 될 것이다. 그러나 그 반대인 경우라면 CRM은 일을 위한 일이 될 수도 있다. 2000년대 초반 이후 다소 정체되어 있던 CRM은 최근 4차 산업혁명과 언택트의 붐을 타고 B2C시장을 필두로 다시 발전하는 추세에 있다. 아무래도 일반 소비자들의 이커머스 E-commerce 사용 증가에 따라 IT 기반의 플랫폼 기술 및 AI 빅데이터의 활용도가 점점 늘어나는 마케팅 환경의 변화가 일조했다고 볼 수 있겠다. B2C보다는 더디지만 B2B영역에서도 과거에 비해 한층 더 업그레이드된 형태로 - 전사는 물론 협력사와 고객사까지 참여하여 정보를 입력 및 공유 - 시스템이 구축되고 있으며 시장 내에서 벌어지는 모든 영업기회를 하나의 프로세스로 통합해 운영함으로써 마케팅과 영업은 물론 경영진의 신속한 의사결정까지 도울 수 있게 되었다.

사실 90년대 후반 금융과 통신 산업을 중심으로 국내에 처음 도입된 CRM의 경우 업종별, 부문별 이해와 필요가 아닌 통합 패키지 형태로 도입이 많이 되었는데 B2B영업조직 입장에서는 영업자동화(Sales Force Automation : 영업 파이프라인 관리, 영업팀 고객 활동, 핵심 고객 관리, 주문과 출하, 고객 클레임 접수 및 처리, 영업대표 성과 평가를 위한 분석과 커뮤니케이션 등이 하나의 플랫폼에서 일괄 관리되는 솔루션) 구현이라는 긍정적 취지와는 달리 업무적으로는 역효과가 많았다. 어찌 보면 필자가 국내 CRM 1세대에 해당하는데 우선 사용자 환경이 복잡하고 불필요한 기능이 너무 많아 일을 이중 삼중으로 했던 기억이 난다.

가령 같은 내용을 입력 따로, 엑셀 작업 따로, 출력 따로 한 것이 매우 불편했다. 최근 필자가 알아본 바에 따르면 소프트웨어 등을 취급하는 특화된 업종을 제외하면 이와 비슷한 현상이 아직까지도 존재하는 것으로 파악된다. 결국 시스템 공급자와 사용자 사이의 상호 이해 부족에서 생겨난 부정적인 인식들이 퍼지면서 해외와 달리 국내에서는 아직까지 도입을 꺼리는 기업들도 적지 않은 게 현실이다. 그러나 CRM을 통해 고객관리가 과학적으로 체계화되고 효율적인 협업 프로세스로 잘만 정착이 된다면 고객의 만족과 기업의 수익 극대화라는 두 마리의 토끼를 충분히 잡을 수 있을 것으로 판단한다. 당연한 얘기지만 노파심에서 몇 마디만 덧붙인다면 초기 시스템 설계과정에서부터 해당 업종의 특성에 맞는 구조화를 위해 영업관리자와 핵심 영업인력들의 의견과 시뮬레이션이 면밀하게 반영되어야 할 것이며 - 필요시 파트너사와 고객까지 참여 - CRM의 활용 목적상 경영자와 관리자 측면의 UI^{User Interface}도 중요하지만 사용자 측면에서도 충분히 메리트가 느껴지는 UI로 디자인되었을 때 성공적인 정착을 기대할 수 있을 것이다.

고객생애가치의 분석과 고객의 경험관리

마지막으로 CRM 설계 시 일반 소비자 시장에서 더 주목받아온 고객생애가치Customer Lifetime Value의 개념도 고려해 볼 것을 권한다. 우리가 지금껏 다룬 고객가치는 고객의 입장에서 고객이 누리는 편익과 그 대가로 지불하는 비용차이Value for the customer를 의미했다. 그러나 생애가치에서의 가치는 고객으로부터 기업이 획득하는 이익Value from the customer에도 주목한다. 더 정확히 미국 마케팅학회(AMA : American Marketing Association)의 정의에 의하면 고객생애가치는 고객과의 관계로부터 창출될 것으로 예상되는 미래 현금 흐름의 현재가치를 기반으로 계산한 고객관계의 화폐가치이다. 쉽게 말해, 기업과 초기 계약 이후 가까운 미래에 작은 이익이 발생하는 고객과 먼 미래에 큰 이익이 발생하는 고객을 구분하는 기준이라고 보면 된다. 이를 다르게 표현하면 고객의 가치를 분석한다고 말할 수 있고 대표적인 방법으로는 RFM(Recency, Frequency, Monetary) 분석과 LTVLife Time Value 분석 방법이 있다. 그리고 둘 다 큰 맥락에서 보면 전 장 '시장관리' 편에서 '가치 특성별 고객사 그룹핑'을 설명할 때 필자가 언급한 현재가치, 미래가치의 개념과 거의 비슷하다고 이해해도 좋다. 그렇다면 이러한 고객생애가치가 왜 중요한 것일까? 기본적으로 훌륭한 CRM 활동의 주된 목적 중 하나가 고객의 불만이나 불평을 고객감동Customer delight으로 전환해 고객 충성도를 향상시켜 고객 유지율을 높이는 데 있기 때문이다. 즉, 고객의 클레임들을 적기에 잘 처리하면 자사에 기여하는 고객의 생애가치도 비례해 증가한다고 보는 것이다. B2C에서는 이를 보통 고객감동을 창출한다고 표현하는데 B2B 스타일로 바꾼다면 고객가치를 실현한다고 말할 수 있다.

다음으로는 경쟁 환경이 점점 더 치열해지는 것과 관련이 깊은데 단순히 신규고객 유치에 따른 비용이 기존 고객유지에 따른 비용의 5배 이상 소요된다는 소극적 개념에만 그치지 않고 고객의 이탈 자체를 고객생애가치의 상실이라는 측면에서 보다 적극적으로 그리고 실효적으로 다루고 있기 때문이다. 일반 소비자 시장에서 불만을 제기한 고객의 54~70%는 해당 불만이 해결된 경우 다시 구매하게 되며 만일 불만사항이 신속하게 해결되었다고 느껴질 경우 최대 95%까지 재구매가 일어난다는 것이 주지의 사실이다. 또한 기업이 매해 자연발생적으로 10%에 해당하는 고객을 잃는다고 가정했을 때 고객 이탈율을 5%만 줄여도 회사 이익이 산업에 따라 25~85%까지 증가할 수 있다는 연구도 있다. 이와 같은 현상이 B2B라고 해서 본질적으로 다를 것은 없다고 본다. 결국, 한 고객사의 손실은 한 번의 매출손실 그 이상의 의미를 지니고 있다는 뜻이기도 한데 CRM은 이와 같은 고객사의 평생 기여도를 고객생애가치라는 측면에서 측정하고 반영해 시각적으로 대시보드Dashboard화 할 필요가 있다. 여기에 더해 최근에는 CRM에서 상대적으로 소홀하게 다

3막

루어져 왔던 고객의 경험을 관리해가는 움직임들도 커져가고 있다. 즉, 고객이 기업과 만나는 모든 접점에서 무엇을 보고 느꼈으며, 어디에 가치를 두고 있는지를 이해함으로써 고객에게 차별화된 고객가치를 전방위적으로 제공하는 것을 말한다.

고객은 이제 단순히 제품이나 솔루션을 구매하는 만족에 머무르지 않는다. 구매 전, 구매 중, 구매 후 경험하는 가격, 서비스, 영업직원의 태도, 소통 방식, 클레임 처리, 브랜드 이미지, 사회적 참여 등 구매과정 전반에 걸쳐 체험하고 평가한다. 달리 말해 공급자와 만나는 거의 모든 단계에서 가치 있는 대우를 받고 싶다는 의미이기도 하다. 고객관리에 있어 고객가치를 배제하고서는 어떠한 것도 논할 수 없는 이유다. 이를 어떻게 시스템에 녹이고 훌륭하게 정착시킬 수 있을지가 영업관리자가 해결해야 할 남은 숙제다.

32

온·오프라인을 아우르는 전략 마케터

전문가 영업관리자가 곧 전략 마케터다

일반 영업관리자와 전문가 영업관리자의 가장 큰 차이점은 시장과 고객을 바라보는 관점의 깊이와 넓이 즉 통찰력의 차이라고 말할 수 있다. 그리고 통찰력은 고객을 중심으로 한 대내외적인 시장환경을 진단하고 분석하는 것에서부터 출발해 솔루션을 기획, 개발하고 다양한 영업 채널에 공급하고 관리하는 과정을 통해 더욱 탁월해진다. 또한 이러한 통찰력은 각각의 영업대표들에게 자양분처럼 공급되어 경쟁사를 뛰어넘는 고객가치로 연결되고 고객과의 두터운 신뢰관계를 구축하는 밑바탕이 된다. 필자는 이러한 전문가 영업관리자를 일컬어 전략 마케터라고 칭한다. 전략 마케터의 역할은 다음의 그림15에서처럼 고객가치 기반 마케팅 프로세스 전 과정에 개입되어 관련한 업무를 수행한다고 보면 된다. 간단하게나마 각각의 단계를 살펴보자. 1단계 고객가치 확인은 회사를 둘러싼 사업전략이 만들어지는 단계로 시장조사나 환경분석이 이루어지며 이 과정에서 시장 통찰력이 생겨난다. 2단계 고객가치 창출은 시장을 쪼개고 영점을 맞추는 단계로 자사의 제품이나 솔루션이 어떠한 모습으로 어떤 고객에게 다가갔을 때 그 가치가 극대화될 수 있는지를 기획한다. 이 과정에서 제품 및 솔루션 통찰력이 생겨난다. 3단계 고객가치 전달은 고객 어프로치 단계로 다양한 캠페인이 영업 채널별로 기획되고 실행되며 판매가 이루어진다. 이 과정에서 판매 경로에 대한 통찰력이 생겨난다. 4단계 고객가치 유지는 고객관계관리와 관련된 회사 내 자원과 지원이 프로그래밍화 되는 단계로 이 과정에서 고객관리의 통찰력이 생겨난다.

|그림15| 고객가치기반 마케팅 프로세스 및 단계별 실행 도구

[1단계] 고객가치 확인 Value Identification	[2단계] 고객가치 창출 Value Creation	[3단계] 고객가치 전달 Value Delievery	[4단계] 고객가치 유지 Value Capture
• 시장감지 • 시장조사	• 시장 세분화 • 신제품 개발	• IMC(통합마케팅) • 채널별 영업수행	• CRM(고객관계관리) • CEM(고객경험관리)

환경 분석	전략 수립	전략 실행	성과 관리
• 5 Forces • SWOT • 3C 　-고객(customer) 　- 경쟁사 　 (competitor) 　-자사(company)	• STP 　- 시장 세분화 　 (segmentation) 　- 목표시장 선정 　 (targeting) 　- 포지셔닝 　 (positioning)	• 4P 　- 제품(product) 　- 가격(price) 　- 채널(place) 　- 프로모션 　 (promotion)	• 인재 • 성과 • 고객 • 브랜드

영업과 마케팅의 마찰 원인

이러한 마케팅 프로세스는 업종과 기업 규모에 따라 마케팅 조직과 영업조직이 통합적으로 운영되기도 하고 분리되어 운영되기도 하며 아예 그러한 기능이 작동되지 않는 기업들도 더러 있다. 문제는 고객접점에서의 고객가치가 점점 더 중요시되는 중대형 규모의 영업환경에서 현장 영업대표들이 1, 2단계에서 만들어지는 시장과 솔루션의 통찰을 무시한 채 영업활동을 하는 경우가 많다는 점이다. 심지어는 3, 4단계에서도 발견된다. 마케팅이나 영업이나 고객가치를 구현해 판매실적을 극대화하는 동일한 목표가 있음에도 서로 간에 불협화음이 발생되는 지점이다. 이러한 불협화음이 발생하는 원인은 여러가지가 있겠으나 근본적인 이유는 영업은 현장에서 고객들과 직접 부딪히며 주로 단기실적과 고객의 이익을 대변하는 위치에 서있고 마케팅은 기업내에서 경영진을 포함한 내부 자원을 관리하며 주로 장·단기 실적을 포함, 회사의 이익을 대변하는 위치에 서있기 때문인데 그 과정에서 정책적인 이견이 생기면서 서로 부딪히게 된다. 그런데 이와 같이 1, 2단계에서 만들어지는 시장과 솔루션의 통찰을 무시한 영업을 계속하게 되면 장기적으로는 경쟁사 대비 영업 퀄리티의 열세로 이어져 전체적인 영업 경쟁력의 저하로 이어질 가능성이 높기에 결코 가볍게 볼 사안이 아니다. 그렇다면 이러한 일들은 왜 발생하고 이를 극복하는 방법에는 무엇이 있는지에 대해 알아보자. 우선 이러한 일들이 발생되는 근본적인 이유는 영업대표들이 통찰력을 바탕으로 한 영업을 하지 않기 때문이다. 해본 경험이 없어서일 수도 있지만 제대로 교육을 받지 못했을 가능성이 제일 크다.

전략 마케터로서의 역할 수행

복습 차원에서 'Teach for differentiation'에 해당하는 영업 역량은 직역을 하면 "고객에게 차별점을 가르치다."이지만 우리 식으로 해석을 하면 고객에게 새로운 관점 즉, 통찰을 제안

하는 영업을 의미하는 것으로 전문가 영업에서 가장 중요시되는 항목이다. 만일, 영업관리자가 단기적인 실적에만 급급하고 시장과 솔루션에 관한 통찰을 강조하는 교육이나 지침이 없다면 그 휘하에서 일하는 영업대표들의 발전을 기대하기는 어렵다. 이는 바꿔 말해 의미 있고, 규모 있는 영업기회를 만들지도 못할 뿐만 아니라 설사 그러한 기회가 오더라도 제대로 팔로우업Follow-up이 안 될 수도 있음을 의미한다. 통찰력으로 뭉친 탄탄한 역량에서 자신감과 의지가 나오는 법인데 안타깝게도 영업기회 자체를 회피할 가능성이 높다. 이는 사실 매우 심각한 문제이며 경영진을 포함해 영업관리자의 의지와 결단이 없이는 수습되기가 어렵다. 보통은 마케팅과 영업 간 직원들의 순환보직을 통해서 서로 간의 눈높이를 맞추거나 역량을 평준화시키기도 하는데 가장 빠르고 효율적인 처방은 영업관리자가 전략 마케터의 역할을 수행하면 된다. 전략 마케터라고 하니까 괜히 이름이 거창해서 부담스럽게 들리는 분들도 있을지 모르지만 사실 그렇게 생각할 필요는 없다. 먼저 영업은 판매지향 영업과 솔루션지향 영업으로 나누어 볼 수가 있는데 우리가 이 책에서 논의해온 솔루션지향 영업은 그 자체로 마케팅 수행의 프로세스와 거의 동일하기 때문이다. 즉, 판매를 전후로 한 고객가치 생성활동의 대부분이 마케팅이고 동시에 영업이다.

만일 영업관리자가 영업대표를 상대로 전략 코칭을 잘 수행하고 있다면 바람직하게도 그것은 이미 마케팅 프로세스 1, 2단계에 영업관리자가 깊이 개입되어 있을 확률이 높다. 그러니까 영업관리자는 평소 영업대표들의 영업 코칭과 파이프라인 관리 이외의 상당한 시간을 마케팅 전략 및 그와 관련한 학습에 쏟아야 한다. 거기에서 통찰이 생기고 전략적 메시지가 만들어지기 때문이다. 조직관리 차원에서 보면 영업 지휘관인 경영진에서는 영업 부문장과 마케팅 부문장을 고객 중심의 하나의 셀로 통합해 지휘할 필요가 있고 마케팅과 관련한 대부분의 주요 회의나 정책 입안 시에도 영업 부문장인 영업관리자를 참여시켜야 한다. 그리고 이를 직무기술서와 KPI에도 반영해야 한다. – 디지털 캠페인과 같은 공통과제에 KPI를 적용 – 이렇게 되면 영업관리자는 전략 마케터로서 영업대표들의 전략 코칭을 보다 심도 있게 수행할 수 있게 되며 고객사 파이프라인 관리와 연계해 운영하면 고객관리와 영업대표 관리를 통합적으로 운영해 업무 효율성을 높일 수 있게 되므로 결과적으로는 업무성과가 향상되기 마련이다. 명함의 직책으로 표현하면 영업 부문장은 Strategic Sales Marketer, 마케팅 부문장은 Strategic Marketing Planner, 영업대표는 Sales Marketer 혹은 Sales Representative가 된다. 그런데 만일 이 글을 시스템이 정비되어 있지 않은 중소기업 소속 영업관리자께서 보신다면 다소 답답한 마음이 생겨나리라 생각된다.

전략 마케터가 되기 위한 학습

가령, 전형적인 산업재를 취급하는 회사의 경우에는 마케팅 조직 자체가 없는 경우가 많다. 어쩌면 누군가는 위에서 말한 전략 마케터의 기능을 감당하기엔 현실적으로 너무 버겁지 않냐는 반문이 있을 수 있다. 결론부터 말하면 그럼에도 불구하고 누군가는 이 역할을 감당해야만 한다. 현실적으로 할 수 있는 것들을 찾아 하면서 꾸준히 학습해 가면 되니까 너무 부담을 갖지는 말자. 모든 것을 다 할 필요도 없고 어떠한 형식에 짓눌릴 필요도 없다. 요즘은 온라인 학습이 발달되어서 시간과 장소에 구애 없이 저렴한 가격에 양질의 교육을 받을 수 있는 에듀테크 환경이 잘 마련되어 있다. 필자의 경우도 과거에 영업을 하면서 주말도 없이 주경야독으로 경영학 공부를 했던 기억이 있다. 그리고 그렇게 배운 내용을 영업현장에서 고객을 돕기 위해 적절히 활용했다. 개인적인 생각이지만 학습은 이렇게 실무에 적용하기 위한 목적으로 했을 때가 가장 의미 있고 동기부여도 잘 되는 것 같다. 관건은 시간을 확보해 꾸준히 공부하는 것이다. 다시 돌아와 계속 이야기를 이어가면 영업관리자는 크게 회사를 중심으로 한 내·외부 경영환경 분석 및 마케팅 전략수립에 필요한 도구를 이해하고 그에 맞춰 하나둘씩 정보를 수집·분석해야 한다. 이와 관련해서는 본서의 1장, 'B2B영업전략 어떻게 기획해야 하는가?'와 본 장의 그림15를 참고하면 알 수 있다. 그림의 하단에 나와 있는 각각의 단계별 분석도구들을 참고해 학습하고 다음과 같이 정리한다. 환경 분석에서는 3C, 5forces, SWOT 정도를, 전략 수립에서는 STP, 전략 실행에서는 4P 정도만 학습을 하면 무난하다. 생각보다 어렵지 않고 동료들과 스터디를 조직해 과제를 정해서 한다면 적지 않은 재미도 느낄 수 있다. 성과 관리에서는 주로 CRM(고객관계관리) 활동에서 모인 시장 정보를 취합하고 분석하면 되겠다.

한 가지 팁을 드린다면 환경 분석 시 네이버 증권 리서치 코너에 들어가 산업분석 리포트, 경제분석 리포트 등을 활용하면 좋다. 국내 주력 증권사 애널리스트들이 수시로 정리해 올리는 리포트들이라 내용이 비교적 충실하고 따끈따끈하다.

놓치지 말아야 할 디지털 영업 마케팅

다음으로 전략 마케터는 새로운 판매 경로로 자리를 잡아가고 있는 디지털 마케팅과 세일즈에도 관심을 기울여야 한다. 상대적으로 B2C나 소규모 B2B비즈니스에 비해 중대형 규모의 B2B비즈니스에서는 디지털 마케팅이나 세일즈가 덜 활발한 편이지만 앞으로는 거의 모든 영역에 걸쳐 디지털에 대한 이해와 활용 없이는 효율적인 마케팅과 영업의 진행을 논하기가 어렵지 않을까 예상된다. 우선 가장 큰 배경으로는 기업 내 인력구조가 이미 중간 리더들이 된 밀레니얼 세대와 실무진으로 구성된 Z세대 등의 디지털족이 머지않아 시장의 주역이 될 것이기 때문이다. 디지털 문법에 익숙한 이들이 몇 년 후 의사결정권자 층으로 올라설 때 즈음이면 지금보다는 훨씬 더 디지털을 활용한 소통에 적극성을 띄게 될 것은 자명한 일이다. 아직까지는 업종의 특성과 규모 그리고 채널에 따라 편차가 크지만 SNS상에서 관계를 맺고 메신저를 통해 비즈니스 첫 미팅이 온·오프라인으로 이루어지는 신세대식 B2B비즈니스가 디지털상에서 점차 생겨나고 있다. 그 방증으로 해외에서 이미 채용 비즈니스로 자리를 잡은 소셜 미디어 링크드인이 국내에서도 젊은 층들을 중심으로 이용도가 점점 더 높아져 가고 있음을 통해 알 수 있다. 영업적으로 보면 그동안 장벽이 높았던 경쟁사의 키맨Key man 발굴과 접촉도 용이해지는 것이다.

두 번째로는 가성비다. 김영란법과 주 52시간 근무제, 코로나19가 연이어지면서 이른 새벽에 호텔 조식 세미나를 통한 비즈니스 만남이나 주말 행사, 각종 접대 등이 눈에 띄게 축소되었고 이로 인해 고객들에게 초청장을 보내고 선물을 준비하는 등의 대면 네트워킹은 디지털 컨퍼런스나 웨비나 등으로 급속히 대체가 되었다. 그런데 이러한 흐름들은 설사 코로나 등이 종식이 된다고 하더라도 투명성과 합리성을 추구하고 비대면과 디지털에 익숙한 젊은 세대들에겐 속도와 비용 면에서 가성비가 높기 때문에 적어도 이들이 선호하는 디지털 네트워킹의 비중은 더욱 높아져 가리라 예상된다. 결국 기업고객도 세분화하면 개별 인플루언서들의 합으로 볼 수 있기 때문에 원투원One to One 미디어의 대표격들인 페이스북, 트위터, 링크드인 등을 통한 소셜 마케팅·소셜 셀링 등을 배제할 수 없게 되었다. 세 번째로는 고객관계관리 영역 중 사각지대에 위치한 육성고객들을 양육Nurturing하는 차원에서도 디지털 마케팅과 세일즈의 활용은 중요한데 고객에 대한 느슨하면서도 연결의 끈은 놓지 않는 관심효과를 꾸준히 유지할 수 있어 영업대표의 짐을 효율적으로 대체해 줄 수 있다. 네 번째로는 조직적 측면의 유효성에 관한 것인데 마케팅과 영업의 역할이 잘 구분된 대기업이라면 마케팅과 영업이 디지털 공통 과제를 설정해 공식적으로 업무를 진행함으로써 상호 이해와 업무 시너지를 낼 수 있는 좋은 기회가 될 수 있으며 그 반대인 중소기업의 경우에도 부족한 인력 및 자원의 한계를 디지털 기반에서 마케팅과 영업을 통합해 운영할 수 있으므로 가망고객의 발굴이나 영업기회의 확대 등 효율적으로 활용할 여지가 많다.

디지털 영업 마케팅의 성공 조건

필자가 직접 만난 디지털 마케팅 전문가와의 인터뷰에 따르면 성공하는 B2B 디지털 마케팅의 조건은 디지털 마케팅의 업무를 기존의 업무 프로세스와 결합하고 주요 디지털 캠페인을 O2OOnline to Offline서비스로 연결하는 것이라 했다. 이 말의 의미는 디지털 마케팅을 독립적이고 보조적인 수단으로만 이용하기보다는 신제품이 만들어지는 순간부터 통합 마케팅(IMC : Integrated Marketing Communication) 차원에서 기획되어져야 함을 강조한 것이다. 그리고 그것의 일환으로 개별 디지털 캠페인을 진행할 경우에도 캠페인 사이사이의 매끄러운 조직적 지원과 ─ 캠페인 전후간 타이믈리Timely한 콜센터 운영 등 ─ 캠페인 이후 섬세한 후속활동 등이 사전에 기획되어 실행되는 게 필요하다고 했는데 이는 주로 오프라인 영역에서 영업대표들의 고객방문과 같은 영업터치에 해당한다. 이와 같은 것들은 중대형 규모의 영업활동에서도 고려할 만하다고 판단된다. 그리고 마케팅이든 영업이든 디지털 기반에서도 고객가치의 중요성은 변치 않게 강조된다. 한마디로 디지털이라는 새로운 생태계에서의 승부처도 가격보다는 가치로 가야 함을 말한다. 예를 들어 B2C 시장의 경우엔 범용적인 소비재를 중심으로 가격 위주의 접근이 주를 이루어 경쟁이 무척 심하다. 최근엔 제조사들까지 직접 B2C 디지털 시장으로 뛰어드는 경우도 많다고 한다. 그만큼 시장 전체가 혼란스럽고 시간이 갈수록 부가가치가 떨어지는 것으로 해석된다. 하지만 B2B의 경우는 굳이 가격을 노출할 필요가 없어 사전기획만 잘한다면 가치영업이 가능하다. 오히려 잘 타깃팅된 고객이 연결될 경우 오퍼링 프로그램 등 콘텐츠적인 접근이 가능하기 때문에 기대 이상의 수요를 창출할 수도 있다.

구글, 페이스북, 아마존과 같은 해외 글로벌 기업들은 물론 최근 우리나라의 오픈 마켓이나 독립적인 마켓 플레이스들만 봐도 인공지능 빅데이터를 이용해 고객의 행동과 성향을 분석, 추적하는 기능이 날로 발전하고 있음을 피부로 느낄 수 있다. 분명 다른 쇼핑몰에서 잠시 특정 상품을 검색했을 뿐인데 이동한 다른 SNS상에서 광고 페이지로 만나는 경우를 여러분들도 경험하셨을 것이다. 필자의 경우 종종 짜증이 난 경우도 있었는데 결국 해당 물품을 잊고 있다가 나중에 노출된 페이지를 보고 구매한 적이 있다. 개인화된 타깃 마케팅의 승리다. 그런데 이를 중대형 규모의 B2B비즈니스에 적용한다고 가정해보자. 필자가 구매한 몇 만 원짜리 제품에 비할 수가 있겠는가? 일반 영업관리자는 이러한 것에 관심은 있을 수 있으나 위에서 지시가 내려올 때까지 실행할 생각을 잘 하지 않는다. 하지만 전문가 영업관리자인 전략 마케터라면 어떠한 형태로든 실행에 옮길 궁리를 이미 하고 있을 것이다. 시장과 고객의 판이 디지털로 바뀌었는데 아직도 과거의 아날로그 성공 방정식에만 빠져 있다면 곤란하다. 그렇다고 처음부터 너무 거창하게 디지털 마케팅과 세일즈에 접근할 필요는 없다고 본다. 대신 하나둘씩 다양하게 시도를 하면서 데이터와 경험을 축적해 갈 필요는 분명히 있다. 바야흐로 온·오프라인을 아우르는 전략 마케터의 세상이 도래했다.

33

영업대표와 회사를 성장시키는 궁극의 힘

진정한 전문가 영업관리자가 되기 위하여

모 기업의 영업관리자 대상 교육에 갔었을 때의 일이다. 첫 번째 세션으로 '인생의 쉼표'라는 프로그램을 진행했었는데 그동안 앞만 보며 회사를 위해 열심히 달려온 자신의 삶을 뒤돌아보고 업무를 하면서 가장 보람되었거나 힘들었던 순간들을 나누는 시간이었다. 그중에 한 분을 앞에 세워 발표를 시켰는데 그만 이분이 울음을 터뜨리고 말았다. 평소 리더의 위치에서 부하 직원들에게 강인한 모습만을 보여 오다가 막상 이 자리를 빌어 얘기를 하고자 하니 자신은 그저 직원들 앞에서 강한 척을 한 것이었을 뿐 결코 강한 사람이 아니라는 고백 부분에서 울컥한 것이다. 또 어떤 분은 영업관리자가 된 지 얼마 안 되었는데 관리자 역할을 하기 전보다 요즘 들어 부쩍 짜증을 많이 내는 자신이 느껴졌다며 아무래도 실적에 대한 부담감이 가장 크다고 하였다. 개별 영업대표로서 일을 잘하는 것과 달리 영업관리자로서 조직의 성과를 내는 것은 분명 차원이 다른 일임을 보여주는 일면이라 하겠다.

오래된 속담 중에 강한 장수 밑에 약한 병사가 없다는 말이 있다. 최고의 실적을 내는 영업조직에는 언제나 탁월한 영업관리자가 있다는 의미이다. 그렇지만 그런 그들에게도 애로사항은 있다. 아니 매출도 잘 되고, 코칭, 문제해결, 전략 마케터로서의 임무까지도 잘 수행해내는 그들에게 도대체 무슨 애로사항이 있다는 것일까? 비즈니스가 잘 돌아가고 영업실적이 좋을 땐 칭찬과 격려를 받지만 그렇지 못할 때에는 종종 심한 비난까지도 감수해야 하는 것이 영업관리자의 위치이기 때문이다. 더억울한 경우로는 목표로 하는 실적을 달성했음에도 그것이 다른 이유들로 평가 절하되는 경우다. 결론부터 얘기하면 영업관리자는 이러한 기업의 현실적인 문화를 자연스럽게 받아들일필요가 있다. 조금은 억울하다고 느껴질 수도 있겠지만 이것이기업가 마인드로 살아가야 하는 전문가 영업관리자의 숙명이기도 하다. 영업조직 컨설턴트인 조너선 휘스먼은 그의 저서 『세일즈 보스』에서 영업관리자로서 성공하고 싶은 사람들이 받아들여야 할 책임을 강조하였는데 이를 소개하면 다음과 같다.

- 만일 마케팅 부서가 적재적소에, 적절한 어조의 메시지를 내놓지 못하고 고객 서비스 부서가 훌륭한 서비스를 제공하지 못한 결과로 회사의 평판이 안 좋아진다면 그것은 세일즈 리더인 당신의 책임이다.

- 회사의 제품이 시대에 뒤떨어지고 현재 시장의 요구를 충족하지 못한다면 그것 역시 세일즈 리더인 당신의 책임이다.

- 당신의 회사가 경쟁력 있는 근무 조건을 제공하지 못하고 '그 어떤 것이라도' 잘하고 있지 못하다면 그것은 전적으로 세일즈 리더인 당신이 책임져야 할 몫이다.

영업관리자를 리틀 CEO로 명명한 이유

이것은 최고 수준의 성과를 지향하는 영업관리자의 위치가 그만큼 높은 수준의 책임감을 필요로 한다는 것을 보여준다. 성취를 반복하는 리더들이 어려운 점 하나 없이 저절로 성과를 만들어 내는 것이 아니다. 자신이 맡은 일을 자신의 회사처럼 여기고 백 퍼센트 책임을 지고 가겠다는 결연한 마음가짐이 있을 때 비로소 가능한 일이다. 사업자등록증상에 이름만 없을 뿐이지 이들은 그 자체로 회사 내 사장 역할을 감당하는 것이나 다름없다. 실제로 과거 삼성전자에서는 영업지점을 대상으로 소사장제를 실시하기도 했다. 소사장제는 10~15년 이상 근무한 과장~부장급 직원들을 대상으로 하여 독립적으로 해당 지점의 전략과 상권을 책임운영하도록 한 제도다. 소사장들은 인력 운영 및 비용 집행 등 영업에 대해 전권을 행사하며 경영의 투명성과 객관성, 운영 부실에 따른 손실 등도 본인이 직접 책임을 진다. 이는 영업관리자의 역할을 단순 판매개념에서 경영개념으로 전환해 시장 환경에 효과적으로 대응하기 위한 당시로서는 파격적인 정책이었다. 그만큼 영업조직에 있어 영업관리자의 위치가 얼마나 큰 것인가를 이해할 수 있는 대목이다.

영업관리자는 인수합병이나 사업 다각화와 같은 기업 전략에만 참여를 안 할 뿐 사내외적으로 리틀 CEO의 역할을 감당한다. 그렇기 때문에 영업관리자는 영업대표들은 물론 전 사내 모든 직원들에게까지도 귀감이 되는 높은 수준의 도덕성도 발휘해야 한다. 영업조직에서는 많은 거래처들과의 이해관계가 형성되면서 적지 않은 편법들의 유혹이 발생하기 마련이다. 대표적으로 납품가의 일부를 뒷거래로 착복을 하거나 무리하게 매출 목표를 맞추기 위해 대량 물량을 밀어내기 하는 것 등이다. 이는 실적을 달성하지 못하는 것 이상으로 기업에 엄청난 피해를 입힐 수 있음을 알아야 한다. 노블레스 오블리주를 더욱 강조하는 최근 사회적 분위기를 감안할 때 한순간의 방심으로 기업의 존폐까지 이어질 수 있는 사안임을 잊어선 안 된다. 이러한 편법 영업은 보통 영업관리자의 과잉 충성이나 도덕성 부재에서 비롯되는 것으로 무조건 매출 목표만 달성하면 된다는 근시안적인 사고방식에서 출발한다. 필자가 앞서 리더십을 정의할 때 '본보기'라는 말을 사용했다. 이는 다른 말로 솔선수범이라고 바꾸어 말할 수 있는 데 기업 내 중추 리더로서 영업관리자는 유능함뿐만이 아닌 높은 수준의 도덕성으로 고객과 동료들로부터 존경을 받을 수 있어야 한다. 여론조사업체인 엠브레인이 직장인 743명을 대상으로 조사한 결과 위기 극복을 위해 가장 필요한 리더십으로 '리더의 솔선수범 및 희생정신'을 꼽았다.

"윗물이 맑아야 아랫물이 맑다."는 속담이 있듯이 우리나라만큼 유독 리더들의 솔선수범을 중요시하는 나라도 드문 것 같다. 작은 흠만 잡혀도 트집을 잡아 실시간 뒷담화 랭킹 1위에 오른다. 이렇듯 리더의 작은 흠도 용서하지 않는 사회적 분위기는 우리나라 직원들이 리더의 솔선수범에 대해서 기대치가 무척 높다는 것을 보여준다. 그런데 그에 반해 리더는 아랫사람들의 요구를 충족시키지 못해왔다. 설사 영업관리자가 아무리 뛰어난 비전을 제시하고 영업역량을 가지고 있다 하더라도 영업대표들에게 솔선수범을 보여주지 못한다면 그 진정성을 의심받아 진지하게 따르려 하지 않을 것이다. 지금과 같이 어렵고 힘든 시기에 자신이 먼저 신규시장 환경분석과 시장 STP, 4P 분석 등을 하고, 잠재고객 DB를 만들어 콜드콜링을 한 다음 영업대표들에게 가망고객을 나누어 줘보면 어떨까? 그리고 따뜻한 마음을 담아 함께 동행방문도 해보자고 격려한다면 과연 영업대표가 이를 어떻게 받아들일까? 분명 감사해하고 동기부여가 됨은 물론 분명 그러한 영업관리자 밑에서 보고 배운 영업대표는 지덕행을 겸비한 멋진 리더로 성장할 것이다. 여기서 짧은 예화를 하나 보고 가자.

영업관리자 A부장은 방금 전 리더십 관련 강의를 듣고 사무실로 돌아왔다. 영업대표들을 불러 자신에게 건의할 것이 있으면 서슴없이 말해보라고 주문했다. 하지만 아무도 입을 열지 않았다. 영업팀장들마저 입을 다문 통에 이상하다 싶은 A부장은 30분간을 다그치고 유도했지만 결국 소득은 없었다.

"좋아 그럼 매출 얘기나 해볼까? 지난주 파이프라인 보고 때 언급했던 ABC 출하건은 어떻게 됐어?"

"아 네, 그게 업체 사정으로 다음 달로 연기될 것 같습니다."

"뭐라고? 그걸 이제 얘기하면 어떻게 해? 그럼 백업 플랜은 있어?"

"네 곧 준비해서 보고 드리겠습니다."

A부장은 답답한 마음에 다른 회사 선배에게 전화를 걸어 하소연을 했다.

"뭘 좀 잘해보려 해도 도무지 직원들이 말을 하지 않습니다."

선배는 명쾌하게 답변을 해주었다.

"혹시 자네가 윗사람들한테 같은 태도를 보이지 않나?"

A부장은 망치로 머리를 한 대 맞은 것처럼 잠시 머리가 멍했다.

솔선수범의 강령 육연(六然)을 실천하는 영업관리자

위의 예화는 리더들을 닮아가는 부하직원의 모습을 보여주고 있다. 실제 부모로부터 자식들이 그들의 행동을 통해 학습하듯 직장 내 리더들을 보고 아랫 직원들은 그들의 생각, 말투, 행동까지 답습하는 경향이 많다. 영업관리자들이 솔선수범을 보여야 하는 이유는 리더로서 영업대표들에게 영업활동상의 문제해결을 위해 직접 앞장서서 행동으로 보여주는 것도 포함하지만, 특정 직책이나 역할을 맡은 사람들의 솔선수범이 해당 조직 내의 억할 모델이 되기 때문이다. 특히나 영업조직의 리더는 직원들과 고객의 문제를 가지고 소통하는 위치에 있기 때문에 더욱 중요하다고 볼 수 있다. 300여 년간 만석꾼의 부를 누렸다는 경주 최 부잣집의 행동지침 중 육연六然은 보면 볼수록 영업

관리자들에게 필요한 솔선수범의 강령인 것 같아 이곳에 소개
해 본다.

육연(六然) 〈자신을 지키는 지침〉
 - 자처초연(自處超然) : 스스로 초연하게 지내고
 - 대인애연(對人愛煙) : 남에게 온화하게 대하며
 - 무사징연(無事澄然) : 일이 없을 때 마음을 맑게 가지고
 - 유사감연(有事敢然) : 일을 당해서는 용감하게 대처하며
 - 득의담연(得意淡然) : 성공했을 때는 담담하게 행동하고
 - 실의태연(失儀泰然) : 실의에 빠졌을 때는 태연히 행동하라

솔선수범의 밑바탕에는 인간을 존중하는 가치관이 모두 녹아
있다. 노블레스 오블리주, 서번트 리더십, 진성 리더십, 자기희
생적 리더십의 다른 이름이 곧 솔선수범이라고 할 수 있다. 솔
선수범과 같은 인간존중의 리더십이 단기적으로는 성과 창출
형 리더십보다 효과가 떨어지는 것처럼 보인다. 하지만 많은 리
더십 전문가들이 말하길 장기적 관점에서 보면 인간존중의 리
더십이 성과 창출형 리더십보다 훨씬 더 큰 성과를 창출한다고
한다. 그 이유는 결국 사람이 일을 하기 때문이다. 영업대표들
이 최고의 능력을 발휘하여 퍼포먼스를 내려면 그들의 마음을
움직여야 한다. 결국 리더의 크기만큼 직원이 발전하고 회사가

성장한다고 했다. 영업대표들의 평균 매출액보다 5배의 매출을 올리는 영업대표들을 따로 분리하여 그 비결을 조사했는데 결론은 생각의 크기(매출 목표가 5배)에 좌우되었다고 한다. 전문가 영업관리자는 전문가 영업대표의 생각을 넓히고 마음을 움직여 기업의 성장을 견인하는 리틀 CEO다.

참고문헌

국내

- 김경민 외 공저, 『고객가치기반 신제품 마케팅전략』, 박영사, 2019
- 김용기, 『세일즈로 갑질하기』, 행복한북클럽, 2019
- 김용기, 『최강 영업대표』, 한스미디어, 2017
- 김용섭, 『언컨택트』, 퍼블리온, 2020
- 김유상, 『전략가의 일류 영업』, 세종서적, 2020
- 김덕오, 『B2B영업 한비자에서 답을 찾다』, 미래지식, 2013
- 김석찬, 『영업기술과 세일즈 리더십』, 학산미디어, 2016
- 김상범, 『영업혁신』, 푸른e미디어, 2020
- 김상범, 『영업관리 세일즈 MBA』, 푸른영토, 2017
- 노윤호, 『B2B 마케팅 실행 전략』, 한나래플러스, 2019
- 박세정, 『파이프라인을 구축하라』, 책과나무, 2017
- 박주민, 『프로미스』, 더로드, 2019
- 박태현, 『누가 회사에서 인정받는가』, 책비, 2015
- 백기복, 『한국형 리더십』, 북코리아, 2017
- 심진보, 『B2B 마케팅 이기는 전략』, e비즈북스, 2019
- 장정빈, 『하루를 일해도 사장처럼』, 올림, 2011
- 윤미정, 『빅데이터는 어떻게 마케팅의 무기가 되는가』, 클라우드나인, 2020

- 이동영, 『처음에 반하게 하라』, 위즈덤하우스, 2011

- 이장석, 『세일즈 마스터』, 진성북스, 2018

- 임진환, 『영업주도 조직』, 쌤앤파커스, 2018

- 임진환, 『영업은 배반하지 않는다』, 쌤앤파커스, 2016

- 이진국, 『B2B 이미 하면서도 당신만 모르는 세일즈』, 박영사, 2016

- 커넥팅랩, 『모바일 미래보고서 2021』, 비즈니스북스, 2020

국외

- 나가오 가즈히로, 『영업의 가시화』, 다산북스, 2013

- 닐 라컴, 『당신의 세일즈에 SPIN을 걸어라. 3: 세일즈 전략과 협상』, 김앤김북스, 2008

- 닐 라컴, 『당신의 세일즈에 SPIN을 걸어라. 4: 세일즈 관리와 코칭』, 김앤김북스, 2008

- 다니엘 핑크, 『파는 것이 인간이다』, 청림출판, 2013

- 마이크 슐츠, 존 도어, 『최고의 영업은 무엇이 다른가』, 행복한북클럽, 2019

- 매릴러 타일러, 제레미 도노반, 『예측가능 프로스펙팅』, 아이투맥스, 2018

- 매튜 딕슨, 브랜트 애덤슨, 『챌린저 세일』, 프리렉, 2013

- 스튜어트 다이아몬드, 『어떻게 원하는 것을 얻는가』, 8.0에이트포인트, 2017

- 앤토니 파리넬로, 『최고 결정권자를 움직이는 영업기술』, 김앤김북스, 2004

- 조너선 휘스먼, 『세일즈 보스』, 책비, 2017

- 지그 지글러, 『클로징』, 산수야, 2007

- 탐 힐, 월터 젠킨스, 『위기 극복의 힘, 성품 DNA』, 아이비엘피코리아, 2016

기타

- Mckinsey B2B Decision Maker Pulse Survey April 7 (2020)

- Forrester Research. Death of A B2B Salesman (2015)

- 동아비즈니스리뷰 6월 Issue 2 (2020)

에필로그

이번 책이 필자에겐 어느덧 세 번째 책이 되었다. 산모가 고통을 무릅쓰고 아이를 또 낳는 이유는 지난번 산고의 고통을 까맣게 잊어버렸기 때문이라는 것에 고개가 끄덕여지는 까닭은 무엇일까? 책을 집필하겠다고 결심을 하는 순간 지난번 탈고의 고통을 잠시 잊었기 때문에 이렇듯 겁 없이 펜을 또 들었던 게 아닌가 싶기도 하다. 어떻게 하다 보니 B2B비즈니스와 인연이 되어 이렇게 글도 쓰고 강의를 하는 게 직업이 되어버렸다. 그 어떻게How가 사실 참 중요하다. 이번 책을 쓰기 전까지는 책이든 강의든 말 그대로 어떻게How를 풀어내는 데 주안점을 두었다. 그리고 뭔가 현장 실무자들에게 구체적인 어떻게How를 주고 싶었는데 그 결과물이 전작 『프로미스』였다. 그리고 감사하게도 지금도 꾸준히 독자들로부터 호평을 받고 있다.

그래서 이번 책은 빠른 이해와 공감을 위한 왜Why와 무엇What
에 상당히 집중해야 했다. 그 배경은 하루빨리 기업의 방향타가
영업에 맞추어 움직이지 않으면 안 되겠다는 필자 나름의 노파
심에서 기인했다. 필자의 눈에는 영업 현장에서 전문가 영업을
하지 않는 영업대표와 영업관리자도 아쉬웠지만 고객의 관점에
서 만들어지지 않는 제품, 서비스, 납기, 클레임, 평판, 브랜딩,
마케팅 지원, 인사 정책 모두가 기업이라는 커다란 배의 밑바닥
에 조금씩 구멍을 내고 있는 게 보였기 때문이었다. 결국 CEO
가 앞장서야 하고 경영진이 팔을 걷어붙여야만 하는 상황이 온
것이다.

바로 이와 같은 상황에 놓인 분들께 누군가는 나서서 직언을
해야 했고 그러기 위해선 핵심적인 이유와 필요를 한 권의 책
에 담아 보여드리는 게 낫겠다고 판단했다. 사실 이 책이 나오
기까지 가장 많은 기여를 해준 녀석은 달갑지 않게도 바로 코로
나였다. 그로 인해 의도치 않게 주어진 시간들을 꼬박 책 쓰기
로 채워 넣을 수 있었다. 또한 이러한 상황 속에서도 진지하게
책 쓰기에 몰입할 수 있었던 필자의 '이유 있는 삶'에 대해서도
감사한 마음이 들었다. 가끔 필자의 전작들을 보고 감명을 받아
필자를 만나러 오시는 분들이 있다. 고마움을 표현하고 사인을
받기 위해서다. 책 한 권 자체로는 그리 대단할 게 없지만 적어

도 그분들께는 비즈니스상에 막혀 있던 혈을 뚫어주는 기폭제요 돌파구가 되어주었다며 연신 감사함을 전해올 때면 정말이지 책 쓰기를 잘했다는 생각에 큰 보람을 느낄 수 있었다. 바라건대 이번 책을 통해서도 그러한 보람을 다시 한번 맛볼 수 있었으면 좋겠다. 가장 감사한 분들은 뭐니 뭐니 해도 필자의 고객사들이다. 필자를 믿고 불러주셨고 이 책을 집필하는 데 유무형의 혜택을 가장 많이 제공해 주셨기 때문이다. 다음으로는 이번 집필 간 어머니의 수술이 성공적으로 끝나 정말 기뻤고 그 과정에 아버지의 헌신과 사랑을 느낄 수 있어서 감사했다. 마지막으로는 진득하게 눌러 앉아 글을 써준 필자 자신에게도 수고했다는 말을 해주고 싶다. 정말이지 책은 엉덩이로 쓰는 게 맞다. 그 외의 수많은 고마운 분들께는 책을 배송해 드리거나 직접 들고 방문해 감사의 인사를 드릴 예정이다. 모두가 건강하시길 바라며….

'행복에너지'의 해피 대한민국 프로젝트!

<모교 책 보내기 운동> <군부대 책 보내기 운동>

한 권의 책은 한 사람의 인생을 바꾸는 힘을 가지고 있습니다. 한 사람의 인생이 바뀌면 한 나라의 국운이 바뀝니다. 그럼에도 불구하고 많은 학교의 도서관이 가난하며 나라를 지키는 군인들은 사회와 단절되어 자기계발을 하기 어렵습니다. 저희 행복에너지에서는 베스트셀러와 각종 기관에서 우수도서로 선정된 도서를 중심으로 <모교 책 보내기 운동>과 <군부대 책 보내기 운동>을 펼치고 있습니다. 책을 제공해 주시면 수요기관에서 감사장과 함께 기부금 영수증을 받을 수 있어 좋은 일에 따르는 적절한 세액 공제의 혜택도 뒤따르게 됩니다. 대한민국의 미래, 젊은이들에게 좋은 책을 보내주십시오. 독자 여러분의 자랑스러운 모교와 군부대에 보내진 한 권의 책은 더 크게 성장할 대한민국의 발판이 될 것입니다.

NAVER 선정
베스트 셀러

YouTube 구독자
60만명